青少年阅读能力培养权威读本

父母和青少年必读书

# 正确阅读

# READ RIGHT!

[美] 蒂·泰德罗克　朗达·斯通 著

鲁刚伟　何　伟 译

中国社会科学出版社

图字:01-2010-5463 号

**图书在版编目(CIP)数据**

正确阅读／(美)蒂·泰德罗克、朗达·斯通著;鲁刚伟,何伟译. —北京:中国社会科学出版社,2010.8
ISBN 978-7-5004-8887-3

Ⅰ.①正… Ⅱ.①蒂…②朗…③鲁…④何… Ⅲ.①读书方法—青少年读物 Ⅳ.①G792-49

中国版本图书馆 CIP 数据核字(2010)第 125513 号

| | |
|---|---|
| 策　　划 | 路卫军 |
| 责任编辑 | 王　茵 |
| 责任校对 | 张玉霞 |
| 封面设计 | 久品轩 |
| 技术编辑 | 王炳图 |

出版发行　中国社会科学出版社

| | | | |
|---|---|---|---|
| 社　　址 | 北京鼓楼西大街甲 158 号 | 邮　编 | 100720 |
| 电　　话 | 010-84029450(邮购) | | |
| 网　　址 | http://www.csspw.cn | | |
| 经　　销 | 新华书店 | | |
| 印刷装订 | 三河君旺印装厂 | | |
| 版　　次 | 2010 年 8 月第 1 版 | 印　次 | 2010 年 8 月第 1 次印刷 |
| 开　　本 | 710×1000　1/16 | | |
| 印　　张 | 13 | 插　页 | 2 |
| 字　　数 | 175 千字 | | |
| 定　　价 | 29.00 元 | | |

凡购买中国社会科学出版社图书,如有质量问题请与本社发行部联系调换。

版权所有　侵权必究

谨以此书献给我的儿子……以及所有愿意拥有出色阅读能力的孩子和成人

CONTENTS

# 目　录

# 序　言

　　大量的研究成果，使我们对说话和语言表达能力以及诸如口吃、语言表达障碍、特定的语言学习障碍和其他相关症状的神经生理学和神经解剖学的理解不断加深，这些研究促进了各种各样更有效诊断和更有效治疗方法的进步和发展，这是一个大脑研究成果让人倍感振奋的年代，从此，我们真正开始了一个对大脑的可塑性、使学习过程得以完成的神经网络以及控制大脑可塑性的基因研究的新纪元。

　　在洛杉矶儿童医院（Childrens Hospital Los Angeles）的儿童大脑研究中心（Childrens Brain Center），我们正准备深入研究儿童是如何有效发展自身的语言能力的，这些研究涉及学习方式、意志力以及正常孩子的局限性和有神经功能缺陷孩子（神经功能反常和由于疾病、损伤造成的神经功能缺陷）的局限性。这些研究项目将检测大脑神经网络的可塑性，从而，我们将会发现，对与语言能力相关的神经系统的适时刺激，是否能让神经网络功能失调的患者受益。参与这些研究项目的研究者将与致力于研究大脑功能成像的儿科神经学家、儿科神经精神学家以及儿科神经放射学家通力合作，以彻底弄清语言、说话和阅读过程到底是如何完成的课题。

　　对大部分并没有特定的语言表达障碍、说话障碍以及阅读能力障碍但不能有效阅读的儿童和成年人而言，蒂·泰德罗克博士在本书中详述的简捷方法，为那些深受使用其他教学方法而尝遍挫败感的父母和老师确实指明了一条光明之路。过去几年来，我一直密切关注着蒂·泰德罗克博士教学法的进展，并为在她的教学方法指导下最终成为出色阅读者的儿童和成年人的数量之多深感震惊。我自己就亲身经历了这些教学方法的卓著成效。

我已经成年的儿子就是在本书论述的阅读方法指导下最终成为出色阅读者的。当他开始学习阅读的时候，已经不是个孩子了，尽管我希望他在孩提时代就能出色阅读。我儿子开始学习阅读的时候已经是个中年人了，多年来，他的生活被阅读障碍打上了深深的烙印。曾经有很多年，我们全家遍寻"秘方"，尝试了一种又一种的教学法以帮助他。然而，正像很多从前经历过而且以后也会经历的家庭一样，我们应用的方法毫无效果。我的家人甚至因此加入到了积极呼吁州政府和联邦政府制定保护与我儿子状况类似的其他孩子——有严重阅读障碍的孩子——的权益和利益的保护法案活动中。

几年以前，我弟弟问我儿子是否有兴趣通过长途电话接受蒂·泰德罗克博士阅读教学法的教学，我儿子欣然答应了。他在蒂·泰德罗克博士系统教学法的指导下取得的进步之快让我兴趣倍增，我忍不住想，蒂·泰德罗克博士到底"撞上了什么好运"呢？这本书让我意识到，蒂·泰德罗克博士并不是凭空"撞上了什么好运"。

当我从头至尾细读本书的时候，我发现，她的思想与大脑功能的研究成果以及人们对大脑神奇功能和大脑可塑性的最新认知一脉相承。基于神经科学的发展，蒂·泰德罗克博士为数十年来盘桓在阅读教学领域让人不知所以的谜题提供了令人信服的解释。

当其他所有传统方法均不奏效以后，我终于明白了为什么蒂·泰德罗克博士的教学法如此神奇的缘由。从专业角度而言，蒂·泰德罗克博士的发现让我深受启发，此外，我还想告诉你，我儿子现在已经能轻松、自如地阅读中学水平的阅读材料了，而这一点对他生活所产生的积极影响实在难以言表。

本书展示的重要思想无疑会让父母们大受裨益，同时，也会让任何年龄段有阅读障碍的人们受益匪浅。我相信，蒂·泰德罗克博士的发现，无论对父母们而言，还是对科学研究而言，都是颇具价值的。

    ——佛洛伊德·吉尔斯医学博士（Floyd Gilles）

    洛杉矶儿童医院儿童大脑研究中心主任

    洛杉矶儿童医院儿童神经病理学伯顿·E. 格林（Burton E. Green）基金资助教授

    南加利福尼亚大学凯克医学院（Keck School of Medicine）神经病理学、神经外科学和神经学教授

# 导　言

有这样六个印度人

喜欢了解更多东西，

他们要去看大象

（尽管他们都是盲人），

他们都根据自己的"观察"

确信自己认识了大象……

——选自约翰·戈弗雷·萨克斯（John Godfrey Saxe，1861—1887）的诗歌

　　在这个东方寓言中，六个盲人都想弄清这样一个问题：大象到底什么样子？因为他们每个人都只专注于这种庞然大物的某一个特点，所以，那个摸到了大象身体一侧的人认为大象像一堵墙，那个摸到了象牙的人认为大象像个长矛，那个摸到了大象鼻子的人则确信，大象像条蛇，那个摸到了象腿的人说，大象长得像棵树，那个碰巧摸到大象尾巴的人认为，大象像条绳子，而那个摸到了大象耳朵的人很"清楚"，他们都错了，其实，大象长得像个扇子。这则寓言给我们带来的启发是：只专注于事物的某一个方面并不能理解事物的全貌。

　　就像寓言中的"大象"一样，阅读是个复杂的过程，同时也是一个动态的过程，如果将其中的一个或者几个方面当作阅读的全部，那么，对阅读过程非常容易产生理解上的歧义。过去十年来，阅读教学领域一直被这样的信念统辖着——阅读能力需要通过某些

特定的技巧，以外在的、系统性的指导而习得，这种观念在阅读教学史上反复搬演。如果你的孩子正在上学，那么，你很可能对下面的这些阅读指导技巧耳熟能详：要弄清音位（要知道读出来的词汇是由单个音节连缀而成的），要学会词汇的发音（也就是要清楚如何将字母与词汇读音联系起来），要掌握一定的词汇量（要知道词汇的意思），阅读要流畅（顺畅而不间断地阅读），同时，要理解阅读的内容（清楚作者所传达的信息是什么）。

人们确信，这些阅读技巧需要分别教给学生，但是，这种信念与 20 世纪 60 年代年龄很小的孩子自己学会阅读的重要发现相互矛盾。我们研究的那些四五岁就自己学会了阅读的孩子，并没有受到任何有关音位、读音、词汇、流畅阅读以及理解阅读内容的外在系统性指导，不过，他们依然自己学会了阅读，而且这些孩子的阅读效能很好，他们终生都是出色阅读者。对此，我们将在本书的第一章详述。

《正确阅读——培养孩子杰出的阅读能力》代表着出色阅读能力培养的全新理念，这一全新理念根植于大脑在学习的全部过程中（比如，如何走路，如何说话，如何骑自行车，等等）如何运作、如何认知的大量最新研究成果。

本书让你以全新的视角来审度阅读过程，这个视角就是：你要认识到，顺畅阅读的过程（阅读句子和阅读材料的各个段落）并不是逐一识认每个词汇的过程，也不是其他阅读技巧的应用过程，而是一个复杂的动态过程，这一过程根植于大脑各个系统的综合运作，唯有如此，才能理解作者传达的信息和思想。

在本书中，这一第一次得到全面论述的全新理念有助于父母们引导学龄前的孩子习得出色的阅读能力。通过弄清所有出色阅读者如何完成阅读过程这一全新理念，你可以帮助自己的孩子做好开发阅读能力的准备，同时，帮助他们获得终生受用的"正确阅读"能力。

正确阅读
Read Right!

"所有知道如何阅读的人都能彰显自己的力量，都能以更多的方式证明自己的存在，都能让自己的生活更为圆满、更有意义也更富趣味。"

——阿道司·赫胥黎（Aldous Huxley）

6

PART ONE

Reading Is Not "Taught"

第一部

# 阅读不是被人"教会"的

# Read Right!

"请系好安全带！"本书的这一部分是对你现有阅读观念的挑战，我们在这一部分将会介绍阅读不是被人"教会"的理念。在接下来的篇幅中，我们将为你呈现全新的观点——顺畅阅读并不是一系列外在技巧的应用，相反，它是一个由大脑运作的复杂神经反应过程，而这一过程必须要由每一个孩子自己去内在地"发现"——或者说，要从潜意识层面发现阅读之道。你需要注意"内在"这个词汇，你会在本书中经常看到这个词语。因为阅读是一个内在运作的过程，所以，要想完成阅读过程，除了阅读者本人，别人无法代劳，也无法掌控。作为愿望良好的父母和老师，我们太过经常地想教会孩子阅读，在引导孩子发现阅读之道的过程中，我们常常无意中将孩子的大脑"引入歧途"。错误的引导和教学，而不是大脑功能的差异，很可能是造成如此之多聪慧而有阅读潜质的孩子和成人饱受阅读障碍之苦的主导原因。弄清出色阅读时大脑的运作原理，弄清大脑学会完成某一过程的机制，有助于你以积极而适当的方式帮助孩子培养能力。

# 第一章

## 从自学阅读的孩子身上得到的启示

乔茜只有四岁，在起居室，她刚刚把很多书码成一圈，之后，就像兔子一样地跳过了埃里克·卡尔（Eric Carle）的《饥饿的毛毛虫》（*The Hungry Caterpillar*）（初版于 1969 年，现已销售了一千二百多万册，被翻译成二十多种文字，成为现代儿童文学的经典，是各种幼儿推荐书目的首选。——译者注），跪在圆圈的中心，开始扫视每本书的封面，寻找自己喜欢看的书。后来，她找到了自己的最爱——《青蛙和蟾蜍是好朋友》（*Frog and Toad Are Friends*）[美国著名儿童书作家和画家阿诺德·洛贝尔（Arnold Lobel）《青蛙和蟾蜍》系列中的一本，该系列的四本书在美国家喻户晓，一直是美国小学生简易阅读的必读书。——译者注]，打开来，四岁的乔茜开始看起来。

其实，乔茜连幼儿园还没上，那么，是谁教她看书的呢？问到她的父母，他们耸耸肩，"我们没教过她。"她母亲补充说，"我给她读过很多书，不过，她总是自己选书看！"

每天依偎在父母身边，有兄弟姐妹和祖父母，经常见到家里的朋友，"乔茜"是成千上万个上学前就学会了阅读技巧——而且没通过任何正式的教学——的孩子的代表。孩子自己完全可以学会阅读，一直都可以，而且你也可以帮助你的孩子学会阅读。自 20 世纪 50 年代以来，很多研究人员研究过这些孩子的情况，不过，他们依然没有找到这些孩子何以能自己学会阅读的答案，在本书中，这个神秘的问题将会迎刃而解！

弄清像乔茜一样的孩子如何自己学会了阅读的问题，有助于让所有的孩子有一天都成为阅读者。这种至关重要的结论有助于你在家里为孩子复制必要的情境，可以为你提供什么方式才能真正促进阅读能力的培养和提高的重要信息，同时，还有助于你引导学龄前儿童培养自己的阅读能力。孩子自己学会出色阅读的事实有望彻底解决阅读障碍问题。

## 很小就学会了阅读

我是很早就学会了阅读的人。小时候，我母亲常常把图画书和儿童经典读物中的故事读给我和我哥哥听，比如，《汤姆·索亚历险记》（*The Adventures of Tom Sawyer*）（马克·吐温的著名长篇小说。——译者注）、《卷心菜园的维格斯夫人》（*Mrs. Wiggs of the Cabbage Patch*）[美国小说家艾丽丝·考德威尔·海根·赖斯（Alice Caldwell Hegan Rice）（1870—1942）于 1901 年创作的一本畅销书，是一部充满乐观主义精神的出色作品。——译者注]、《黑骏马》（*Black Beauty*）[英国作家安娜·塞维尔（Anna Sewell）的作品，也译为《黑美人》。——译者注] 和其他读物。就像所有经常听故事的孩子一样，我们也有我们最喜欢的图书，其中的故事我们百听不厌，母亲对我们的反复要求也总是有求必应，之所以如此，部分原因在于她也喜欢其中的故事！

所以，我从很小的时候，就从图书中学到了非常丰富的语言和思想，优秀的故事也给我带来了很多乐趣。我学习阅读旅程的伴侣就是我深爱的家人，从他们那里，我认识到了阅读的价值。

我哥哥比我更早学会了阅读，那时候，我五岁，他七岁，他给我讲了连环画中很多令人激动而且也非常有趣的故事。我们家里的图书并不多，所以，他常常将某些故事反复讲给我听。我哥哥去上学的时候，我特别想自己在家看那些连环画，每当独自在家的时候，我就把连环画翻出来，看其中的图画，也看上面的文字，并希望从其中的故事中得到乐趣，当我哥哥下次给我读故事的时候，我总是迫不及待地投入进去。现在，我已经记不清我是怎么学会看连环画的了，我只记得我当时多么想通读那些连环画。

我现在还记得我可以自己读连环画的那一天——而且我没有从哥哥和任何成年人那里得到过阅读指导。在我的头脑中，那是在我的生活中一个非常让人兴奋的体验。我一直在自己看，而且越来越迫切地想给我哥哥露一手儿。当我们又一次一起读连环画的时候，我说，我可以读给他听，他很表怀疑，诡笑了一下之后，递给我一本连环画。

后来的情景让他大感吃惊。我把故事明白、轻松而流畅地读给了他，我哥哥在大吃一惊的同时，也深为自己有这样一个妹妹而自豪，因为即使过了九月的生日，我离上一年级——也就是开始学习阅读的时间——还有两年的时间（20世纪40年代，学前班和幼儿园还非常少见，所以，我的阅读教育最早要从一年级开始）。就在我向我哥哥证实自己能阅读之后不久，有一天，我们家聚集了一大群孩子，还有几个年龄很小的孩子。我母亲为了让孩子们清静些，让我哥哥给他们念故事。我哥哥回答说："让蒂给他们念！"

我母亲说："别逗了，她根本不会念！"

我哥哥迫切地想向母亲证明她错了，他冲到卧室，拿出了一本连环画，说："她当然会念。蒂，给妈妈露一手儿。"

你可以想象得到后来的情形。我开始给孩子们念故事，我母亲对我如此轻松而流畅的朗读深感吃惊。

当然，我不知道自己是怎么学会阅读的。事实上，即使作为一位专门研究阅读的研究生，我依然不知道当时到底是怎么回事儿。在我的脑子里，直到碰到一个重大变故之前，我一直没有特别地思考过学习阅读的课题，那个重大变故就是我儿子的严重阅读障碍。这个重大问题让我花费了二十多年的时间来研究所有年龄阶段的人的阅读障碍问题。长时间的研究让我确信，几乎所有的孩子都能自学阅读——而且可以学得相当好。

# 养了一个有阅读障碍的儿子

当我学完了阅读教育博士研究生学位的课程并通过了大量考试的时候，我儿子刚上一年级。他是个很合群的孩子，聪明伶俐，而且掌握了很多词汇。我们从来没有为他的阅读能力担心过，然而，上学几个月以后，很显然，他有阅读障碍。

我的第一个反应就是震惊。我想，这类问题只应该发生在别人的孩子身上，而不可能发生在我儿子身上。我翻查了预示着有阅读障碍的所有特征，没有一项适用于我儿子。我儿子有非常出色的语言表达能力，而且有非常丰富的童年体验，人们从他很小的时候就给他读了大量的读物，等等，所有的一切都为阅读能力的发展奠定了良好的基础。然而，他确实每天都在忍受着阅读障碍的煎熬。

我的第二个反应是："对我儿子来说，有我这样一个阅读专家的母亲不也是很幸运的吗？"我太天真了！因为我是一位阅读教育专家，所以，对自己如何解决儿子的阅读障碍问题，我有太多的期待。我曾想，有一天，当他长大到足以明白我的努力的时候，我会告诉他，我的努力有多么了不起，他会对我感激不尽的。

但是，这一天一直没有到来。我和儿子一直在不懈努力，用我从研究生院学到的所有最新的研究成果和最前沿的方法，然而，他的阅读能力并没有得到提高。这让我沮丧不已。尽管我帮助他的良好动机无以复加，他也愿意努力配合，但是，我们并没有取得什么进展。我儿子总在寻求帮助，他常说："我必须学会阅读，妈妈！比尔叔叔能阅读，琳达姨妈能阅读，你和爸爸也能阅读，所有的人都能阅读，为什么我就不能呢？"我常常辗转反侧、彻夜不眠，试图找到其他方法，不过，一无所获。我儿子依然饱受阅读障碍的折磨。我惊恐不已，不知道自己到底还能做些什么。

与此同时，我儿子的一年级老师也同样没有取得任何成果。她尝试了碰到有阅读障碍的学生时老师应该采取的所有措施，比如，让他专注于词语的读音、留意词语的形式，引导他以组合读音的方式练习，限定阅读时间以便让他更快地辨识词语，等等，然而，虽然她的工作勤勉努力，而且也颇具专业能力，不过，她也对我儿子的阅读障碍无计可施。

## 寻求答案

最后，学校要我出席一个会议，以决定我儿子如何才能得到最好的帮助。根据测验的结果和我儿子的老师提供的信息，学校的心理学家建议进行另一个测验，以确认我儿子是否有"学习残障"以及是否应该参加另一所学校举办的特殊课程。我询问了那所学校的那个特殊课程的情况，要参加那个课程，我儿子需要自己乘校车，我们受邀前去观摩。在那儿，我发现，能力出众的教师所做的与我儿子的老师和我分别尝试过的方法并无二致，而我们都无功而返。我想，继续让我儿子接受同样的教育却期望得到不同的结果毫无道理，所以，我婉言谢绝了那个课程。我不想让我儿子独自乘校车穿过整个城区，离开他的老师、朋友和他深爱的兄弟，去参加那样一个很可能毫无结果的课程，因为那项课程并没有什么新东西。当我拒绝了那项特殊课程以后，我儿子学校的校长让我签署了一个自动放弃声明，声明说，学校将不再为我儿子的阅读问题承担责任。

签署那项声明成了我生活中一个至关重要的转折点。从本质上说，相当于我已经公开宣称，在这个世界上，我自己要对我儿子未来的阅读能力负责，然而，我并没有令人信服地向人表明，我已经知道了如何帮助他。我所知道的是，无论是我儿子的学校，还是我自己，已经尝试过了帮助有阅读障碍的孩子提高阅读能力的所有现代方法，而我儿子依然不会阅读。

想到这些，我回家时心情沉重。尽管我还不知道以后应该如何继续，不过，我很清楚，这绝对不是我儿子的错。他是个很聪明、合群的男孩，在学校的表现很好——与阅读无关的所有事情他做得都很好。

在那之后，我没有加倍努力帮助我儿子提高阅读能力，相反，我停止了对儿子的训练。我笃信不疑的是，如果你想教导某人，你的教学方法必须有效。我担心，在不会产生任何良好结果的教学方法的泥沼中奋力挣扎，可能会伤害我儿子的自尊心，而事实上，他的自尊心确实受到了伤害。一度总是迫切想去上学的小男孩常常不愿去学校了，为了待在家里，他开始假称有病。他的自信心受到了很大打击，终于，有一天，他的话让我心如刀绞："妈妈，我太笨了，根本学不会阅读。"

## 一个意外启发

就在这时候，我得到了一个意外启发。楼上的邻居被她的汽车折腾得疲惫不堪，那辆车常常抛锚，把她晾在半路上，所以，她把车开到了一位修理工那儿。当她把车从修理工那儿开回来时，车在回家的路上就抛锚了，再一次把她晾在半路上。这让她怒不可遏，她跑到我家，咆哮道："那家伙怎么能自称是个修理工呢？真令人难以置信！他根本就不知道怎么修车！我得去找个真正懂行的修理工，再修修这辆车！"

就在她怒火中烧的时候，一个念头让我豁然开朗。我想到了她的汽车和我儿子之间的相似性。她并不怨恨自己的汽车，她没有这样抱怨："哦，天啊！这是一辆什么汽车啊，总是抛锚，还总也修不好。"相反，她确信，总会有人知道如何修好她的汽车的，她要做的就是找到知道如何修好她的汽车的人。

"噢！"我想，"我儿子并没有问题，我只是还没有找到帮助他的方法而已。这并不意味着没有那样的方法，我要做的就是找到这样的方法。"

和邻居的不期而遇给我指明了一个新方向，这个方向激励我重整旗鼓，对未来重新充满了希望。我答应儿子，就他为什么会有阅读障碍的问题，我会极尽所能，找到原因。我没向儿子承诺，一定会找到解决方案，我不能那么承诺，因为我不能肯定我一定能找到这样一种方案。

我是从一个很显见的问题开始的：我尚不知道什么？这是一个艰难的问题。如果你不知道你尚不知道的东西是什么，你怎么可能找到你要寻找的东西呢？以我邻居汽车修理工的角度，我再次仔细思考了自己所面临的问题。要想处理任何机械问题——无论汽车出现了什么问题，修理工必须了解什么才能解决问题？答案是：汽车修理工必须确切地知道，当汽车发动机正常有效工作时是如何运作的。所以，我想，如果我想找到一个解决我儿子阅读障碍问题的方法，我必须知道，当人们正常而有效阅读的时候，大脑是如何工作的。此外，我还必须知道大脑是如何学会一个过程的，因为就像任何其他"如何做"的活动——比如，如何行走，如何说话以及如何骑自行车——一样，阅读也是一个过程。

找到一个新方向让我如释重负，然而，考虑到我即将完成自己有关阅读教育的博士学位学业，却对人们阅读的时候大脑是如何工作的一无所知，尚不知道年轻的阅读者是如何完成阅读过程的，可见我所面临的问题的严重性，对此我必须保持清醒的认识。我并不是说我错失了严谨训练的某些重要的环节，我所面对的现实过去是，而且今后还将是，没有人精确地确定人们开始阅读的时候以及开发阅读能力的时候，大脑是如何工作的。我所受到的教育将我推到了一个特殊的情境中：我本应该有能力教会我儿子阅读的，但是，我确实没能教会他。我面对两种选择：要么接受失败，要么极尽所能，找到为什么公认的方法并不奏效以及为什么我儿子不能学会阅读。为了我儿子，我选择了寻找答案。

## 探寻能帮助我儿子的学识

其后的三年，我一直蛰伏在装满书籍和期刊的大学图书馆和城市图书馆里，不过，我并不是要寻找教人阅读的新方法，而是试图弄清人们在阅读过程中大脑是如何介入其中的。我意识到，我必须综合很多专业领域的相关信息。

在我潜心研究的那些年，记忆最深刻的是那一天——我弄清了几个颇有争议的阅读理论家的观点，他们认为，如何学会阅读与人们如何学会语言表达之间存在显著的区别。20世纪70年代和80年代，这些语言理论学家指出，我们并不是通过让孩子们专注于一句话中各个词语的读音的方式教会他们理解语言和学会说话的，相反，孩子们口头语言表达的能力是通过与成人和年龄更大些孩子的每天交流而习得的。当孩子与他人交谈的时候，他们会通过语言的表述自行尝试交流，并最终掌握口头表达语言的复杂过程。他们学习说话的过程是一个综合的、互动的、自行领会的过程，这一过程植根于与他人交流的渴望中，而不是一个由清楚明了的系列技巧——必须相互独立的、按顺序学习的表达技巧——组合而成的过程。

如果说口头表达能力不能通过相互独立的、按顺序学习的方式习得，那么，为什么人们认为阅读书面语言的能力能通过这种方式获得呢？然而，很多当代阅读专家依然认为，要学会阅读，必须首先将阅读的过程分解为几个令人费解的阶段（辨识音素、发音、单词、流畅阅读和理解），之后，按顺序将各个阶段相互独立地教给学习阅读的人。他们认为，阅读必须通过将这些环节重新组合到一起才能实现。

从这一"恍然大悟"的时刻开始，我学会了对新思想保持开放的态度。我并不一味抛弃阅读教育曾经教导给我的那些旧有方法，不过，当我将从各个专业领域获得的学识综合到一起的时候，我会把那些旧有的方法放到一边。摆脱了旧有方法的束缚，为我以全新的方式解读新思想提供了可能。我一直试图回答以下两个关键问题：

1. 当人们阅读的时候，大脑是如何运作的？
2. 大脑是如何学会一个过程的？

　　我徜徉在语言学、语言学习理论、信息理论、沟通理论、认知心理学、神经生物学和神经心理学等诸多领域的最新思想中，并受到了让·皮亚杰（Jean Piaget）〔让·皮亚杰博士，1896—1980，瑞士心理学家和哲学家，对生物学、哲学、心理学和逻辑学都有精湛的研究。1955年后，任日内瓦"发生认识论国际研究中心"主任。以他为代表的日内瓦学派对西方现代儿童心理学有相当广泛的影响。让·皮亚杰博士和爱因斯坦曾一同被美国《时代周刊》评为20世纪最具影响力的20位科学家之一。让·皮亚杰博士的著作《发生认识论原理》（*THE PRINCIPES OF GENETIC EPISTEMOLO-GY*）的汉译本已在我国出版。——译者注〕和唐纳德·海布（Donald Hebb）（唐纳德·海布，1904—1985，著名心理学家，强调早期经验对智力发展的重要性，以及正常环境刺激是保持心理健康的重要因素。1960年当选为美国心理学会主席，1961年获美国心理学会颁发的杰出科学贡献奖，1979年当选为国家科学院院士。——译者注）研究成果的强烈影响，让·皮亚杰是在智力开发领域全球知名的学术权威，神经心理学家唐纳德·海布则是第一个提出人在学习某些新东西的时候大脑会发生结构变化假设的科学家。

　　在我看到的很多研究成果中，我最喜爱的研究之一，就是大脑跟随视觉发生显著调适变化的自然能力。在这个闻名遐迩的视觉和认知试验中，试验对象要佩戴一种特别设计的棱镜，这种眼镜可以将整个世界"翻转"过来，在佩戴这种眼镜的试验者看来，所有的东西都是颠倒而相反的。参加该项试验的试验对象要全天24小时都戴着这种特殊的眼镜，所以，即使他们半夜醒来，他们看到的东西仍然是颠倒的，本来在左边的东西都到了右边。这项研究的诉求所在是：人的大脑能在这种颠倒的世界中发挥正常功能吗？

　　试验对象只佩戴了几个星期这种特殊的眼镜就适应了这个颠倒的世界。为了达到这一目的，大脑必须彻底调整，以正确解读接收到的视觉信息。后来，试验者摘除了试验对象的特殊眼镜，以检验试验对象需要多长时间视觉能力才能恢复正常。即使摘除了特殊眼镜，试验对象看到的依然是颠倒的世界，因为他们的大脑功能依然没有得到"校正"。不过，试验对象的大脑只花费了几天的时间就恢复到了常态，就能正常观察这个世界了。

大脑对新环境的调适能力让我惊奇不已，同时也让我充满希望——只要环境适宜，或许，遭受严重阅读障碍痛楚的大脑也能做出调整，从而最终征服障碍。

语言学习领域的一项研究成果进一步表明，大脑确实拥有学会调适自己的能力，如果环境条件得当，大脑的功能会自动地而且是无意识地做出调整。在这项试验中，研究者让陌生人将身体探向小床里的婴儿，对婴儿说同样的话，不过，是用不同的语言，只有一个人用婴儿的母语表述。研究者发现，婴儿以踢腿和蠕动身体的方式对自己的母语做出积极的回应，也就是说，婴儿只是根据试验对象的语言就能对完全陌生的人做出反应！这些婴儿已经学会了辨识自己母语的声音，考虑到他们的年龄，这种学习过程应该是下意识的。因为婴儿从本能的水平明白，为了适应自己生活的环境并做出适当的反应，他们必须"理解"语言。

"特殊眼镜"试验、语言试验以及其他类似的试验最终让我认识到，人类的大脑具有非常强的调整能力，同时，大脑具有在本能水平和下意识层面学习某些东西的超强能力。此外，我还认识到，阅读研究必须停止将阅读的过程当作一个需要系列外在技巧——可以被教会的技巧——的过程。事实上，阅读并不是一个外在的行为！而是一个人类固有的、内在的行为。如果大脑没有学会完成某些过程令人惊异的超强能力，那么，征服阅读障碍以及引导孩子掌握出色阅读能力就是无望的。

## 帮助大脑学会一个过程的失败方法和成功方法

随着我看到的有关大脑功能的研究成果越来越多，我对大脑塑造自己内部环境的能力也越来越充满敬畏，大脑的内部环境是指当我们对周边的事物产生互动时，我们在自己的头脑中创造出来的世界。大脑怎么才能做到这一点呢？当大脑需要学习一个过程的时候，无论这个过程是阅读，还是骑自行车，大脑都会自行做出某些显著的调整：

1. 它开始清楚地意识到要做什么。
2. 它会预见到或者预测如何完成这个过程。
3. 它会根据自己的预测作出尝试。
4. 它会将结果与自己寻求得到的结果进行比较。
5. 它会根据如何改进的假设调整自己的预测。
6. 它会尝试再次重复这个过程。

正是大脑在完成任何行为的过程中使用的预测功能或者重复预测的方式，才使完成任何行为过程成为可能，换句话说，大脑会对引起自己兴趣和注意的事情做出有目的的反应。人类大脑通过与周边事物的互动做出有目的反应的强大功能，成为我随后思考阅读过程以及创造一个引导儿童、少年和成人获得出色阅读能力新方法的关键所在。大脑的这种功能让我确信，在适当的环境条件下，利用适当的引导方式，让孩子们自己"找到"完成任何行为过程的方法是可能的，这些行为过程当然也包括阅读。成人不需要控制他们的学习过程，事实上，在孩子的任何学习过程中，成人都不可能"教会"孩子，因为大脑必须自行建立自己的学习过程。因此，所有的父母应该做的是：

1. 提供适当的环境条件和适当的引导。
2. 之后，让孩子的大脑自己下意识地、自然而然地而且是出色地预测、体验和学习！

"特殊眼镜"试验的结果让我意识到，如果大脑对即将完成的行动有精确的意识，它几乎可以完成任何行为过程，这让我确信，如果我能让我儿子本能地领会到，出色地阅读是非常有意义的，而且是舒服惬意的，那么，他的大脑就会从潜意识层面，通过自行判断如何完成阅读过程而开始预测和体验阅读。如果大脑经历了很多这类的尝试，那么，阅读的时候，它就会真的发生变化。

当我开始形成自己的新观点时，我儿子还在与阅读障碍抗争，结果令人沮丧。一方面，我要极尽所能，尽快揭开阅读过程的神秘面纱；另一方面，我儿子在痛楚的泥沼中陷得越来越深。他上三年级的时候提出的问题，让我非常担心，担心他已经绝望了。

"妈妈"，他说，"如果我学不会阅读，我还能取得汽车驾驶执照吗？""如果我完不成作业，妈妈，他们还会让我踢足球吗？"

那时候，在那些不能辨识每个词语的孩子中间，我儿子的阅读障碍是非常典型的。他阅读时速度很慢，而且极为吃力，中间要停顿很多次。尽管阅读对他来说毫无乐趣可言，不过，他并没有把书籍从生活中扔掉。我也依然经常给他读书。他上学后的前两年，除了阅读，其他的所有方面表现得都很好，我们曾想，他的阅读能力最终会赶上来的，但是，我们的希望落空了。在家里，他总是花很长时间非常努力地做作业。我们常让他到户外和朋友们玩，不过，他总是摇摇头说："不，我必须得做作业。"他经常说："妈妈，我不想成为优秀的阅读者，我只想达到一般水平。"后来，为了消除他给自己施加的压力，我们帮他作出决定——复读三年级。他太勤奋了，简直不再像个孩子，他已经成了"全职学生"！

## 利用新思维消除阅读障碍

经过三年的钻研以后，我走出了自己一直蛰伏的图书馆，准备在我儿子身上实施新方法了，那时候，他正复读三年级。他的自尊心已经受到了彻底的伤害，总是唠唠叨叨地说自己有多么愚蠢，常常哭闹，因为他实在不想上学，不想面对每天十几次的失败，对他来说，那是一段令人惊恐同时也令人心碎的时期，对家里的其他人而言，也好不到哪儿去。我们的努力一直没有取得任何成功，眼看着他在绝望的泥潭中越陷越深，那段时间确实令人心碎。

但是，后来，我以全新的观念武装了自己，并做好准备，要以一种全新的方式帮助他。

就让每个孩子成为出色阅读者所需的条件而言，我所应用的新思想与此前的观念相比是个彻底的转变。我所关注的重点不再是"探究"词语的策略和其他辨识词语的策略，而是让我儿子在阅读过程中的每个尝试都与出色的阅读结果统一起来。

通过和儿子的协同努力，我再次优化了我认为一定奏效的方法，我希望，我们能取得哪怕缓慢但稳定的进步。让我大受震动和惊异的是，我们并没有经历我希望的那个虽然微小但确实在进步的过程，而是只在短短的三个月内，我儿子和我就为他彻底征服了阅读障碍而欢欣鼓舞了！经过了数年的挫败之后，我几乎不敢相信，他的阅读障碍问题会在短短的几个月时间内就烟消云散了。

我们之所以取得了成功，并不是因为我教会了我儿子一系列阅读技巧，而是因为我认识到，在适当的环境条件下，我儿子必须自己掌握顺畅阅读的复杂过程，他必须自行学会出色阅读的所有的环节。受到出色阅读强烈愿望的驱使，他的大脑会因此进行一种内在的尝试，而就使阅读能够顺畅进行而言，这种尝试则是必须的。我的工作就是为他营造适宜的环境条件，同时，为他的阅读提供细腻而巧妙的指导。这种方式过去是，而且还将是开发阅读能力以及解决阅读障碍问题极富根本意义的新思想。

我儿子的阅读障碍问题得到了彻底消除，我们又看到了四年前的那个聪明、好问、总是微笑并充满自信的孩子。在之后的十二年中，我再次优化了这种方法，以全面反映我学到的所有东西。我们将这种方法在小学生、初中生、高中生、大学低年级学生以及长期饱受阅读障碍之苦的职场成年人中进行了反复测试和完善。

1991 年，我和我丈夫将这种方法正式命名为"正确阅读"（READ RIGHT），并为此成立了一家公司，以培训那些在美国、加拿大和中国的学校和公司里教授阅读课程的教师。至今，这种阅读教学方法已经使两万多儿童、少年和成人的阅读能力得到了大大提高，这些人中还包括接受特殊教育的学生、母语为非英语的学生以及其他有阅读障碍的人。此间，我们亲眼目睹了很多长期受到阅读障碍困扰的学生，其阅读能力取得了极大进步，成为出色的高效阅读者。

不久前，美国政府认为，通过 100 个小时的培训和指导，任何阅读教育课程都应该使接受培训和指导的学生的阅读能力提升一个级别，只有这样的培训方法才是有效的。自 1991 年以来，我们一直保持着一项骄人的记录——几乎所有接受过我们阅读能力培训课程的有阅读障碍的学生，不论年龄如何，也无论他们的背景怎样，坚持用我们的培训方法培训、指导 14 个小时以后，他们的阅读能力平均都提高了一个级别。在那些这种教学方法得到良好实施的公司和中学中，经过短短 9 个小时的培训和指导以后，参加培训的学生的阅读能力就能提高一个级别。这种成果在征服阅读障碍的实践中是前所未有的，而这种显赫成果的取得，只有在全新观点——全新的培训以及指导方法——的指导下才可能实现，而全新的阅读教学观必须确实能够准确反映出大脑在开发出色阅读能力的过程中到底需要什么条件。本书每一章的结尾，你都能看到令人称奇的故事——很多人的生活借助现已受到专利保护的"正确阅读"方法而得到了改善。

这个保持了 20 年之久的征服阅读障碍教学法的成功记录，为父母以及那些培养尚未学会阅读的学龄前孩子的成人提供了深刻的启发。我们的成功记录表明，培养阅读能力既有恰当的方法，也有错误的方法，而错误的方法则具有将很多孩子的阅读方式引入歧途的潜在危险。坦率地说，错误的方法可能导致阅读障碍。

## 需要责怪的是旧有的阅读教育观念，而不是孩子和家庭

令人遗憾的是，阅读障碍依然还在普遍发生。2004 年，联邦政府估计，在美国，有两千万个孩子——平均每五个孩子中几乎就有两个——一直深受阅读障碍之苦。这是一个令人沮丧的统计数字。此外，联邦官员曾经谈到，在有阅读障碍的孩子中，每四个孩子只有一个在九岁以后会成为合格的阅读者。

我们有很多预防接种的方法用以防治威胁孩子生命的疾病，但是，还没有哪一种方法能够防治孩子们的阅读障碍。在任何类型的家庭中以及在任何环境条件下，我们都能看到阅读障碍的存在，即使在那些父母花费数百小时给孩子读书的家庭中。

现在，人们普遍认为，之所以在孩子们中间广泛存在阅读障碍，主要原因在于老师不得要领的阅读指导、学生自身存在的缺陷以及家庭和社区中欠缺适宜的环境条件。换句话说，原因在于老师、学生或者家庭。为了消除人们的阅读障碍，专家只能为老师提供多种指导阅读的教学方法，寄望于其中的一个或者几个方法恰好能矫正孩子的特有学习方式，或者恰好能消除孩子某个原因不明的学习障碍问题。

事实上，阅读障碍问题之所以广泛存在，并不是老师、学生或者家庭的过错。相反，原因在于在阅读教育领域一直居于统治地位，而且还将不可动摇的旧有的以及现时的培养方法。实际上，过去二百年来，人们一直以重新"改良"、重新组织或者"新瓶装旧酒"的方式，将某些旧有的教育观念改头换面，以期用那些陈腐的理念疗救所有孩子的阅读障碍问题。我们在表 1.1 中罗列了那些被很多阅读理论学家视为圭臬的"同样老旧、陈腐的观念"。

表 1.1              旧有观念认为学生必须学会的阅读技巧

| 技巧 | 简明解释 |
|---|---|
| 字母或者读音 | 辨识词汇的字母、字母组合以及字母组合发音的能力 |
| 译解 | 探究词语 |
| 攻克词语 | 根据"构词成分"解读新词汇的能力 |
| 仔细观察词语 | 不需要借助译解或者攻克词语的技巧认知词语的能力 |
| 词汇量 | 一个人知道的词汇范围 |
| 通顺 | 流畅、不间断地阅读(认为运用高效率的译解、攻克词语以及词语认知的技巧就能达到的结果) |
| 理解 | 弄清正在阅读材料内容的能力 |

    这些技巧对开发阅读能力而言真的是必不可少的吗?至少对我们在本章开始介绍的乔茜而言,这些技巧是毫无必要的。此外,对哥伦比亚大学和伊利诺伊大学的德洛丽丝·德尔金(Dolores Durkin)研究的二百多名很早就学会阅读的孩子们而言,这些技巧也不是不可或缺的。20 世纪 50 年代,德洛丽丝·德尔金开始在加利福尼亚和纽约研究那些在入学之前就学会了阅读的孩子。60 年代,以语音为基础的阅读教学法和探究词汇的阅读理念依然很有市场,德洛丽丝·德尔金甚至出版过几本以语音为基础培养阅读能力的专著。然而,她最终发现,她研究的数百名自己学会阅读的孩子,几乎从未正式或非正式地或者系统性地接受过任何与阅读技巧有关的指导。就像乔茜的母亲一样,这些孩子的父母也不知道自己的孩子是如何学会阅读的。不过,德洛丽丝·德尔金发现,这些孩子和他们的家庭具有以下四个共同特点:

1. 经常让孩子接触各类图书,包括字母图书、浅显的故事书以及更复杂的文学作品。
2. 那些意志坚定的孩子对于阅读怀有强烈的好奇心,而且对完成阅读过程怀有几乎永不餍足的渴望。

3. 那些喜欢提出问题的孩子频频让人给他们一次又一次地讲同样的故事。

4. 这些孩子的家庭中，有年龄稍大些的孩子为他们回答他们提出的有关书中故事的问题，以满足他们的渴望。

听起来是不是很熟悉？是的，就像我小时候在家里试图找到阅读方法的过程一样！我想，这四个特点可以勾起很多很早就自己学会阅读的读者的回忆。很多家庭都可以复制这些特点。当你看到这四个特点的时候，是否注意到，它们与那些从事阅读教育的人通常认为是不可或缺的指导阅读的原则几乎毫无相像之处呢？

阅读教育领域之所以需要全新的思想，是因为旧有的观念从来都不能确保几乎每个孩子都能成为出色的阅读者。德洛丽丝·德尔金的研究表明，孩子们能够自行找到流畅阅读的方法，如果是这样，那么，我们完全有理由相信——辅之以适宜的环境条件和正确的引导——几乎所有的孩子都能弄清阅读的过程。

## 互动构建者的阅读观点

我们在本书中就阅读以及阅读能力的开发提出了一个全新的观点——互动构建者的阅读观点。这一观点根植于广为人知而且也得到了广泛认同的理论——大脑在引导某一过程完成的过程中，会形成某种神经网络，此外，这一观点还基于声名卓著的学习理论家让·皮亚杰的研究成果。虽然让·皮亚杰的专业背景并不是阅读研究，而是智力开发。

让·皮亚杰的研究成果与脑科学研究领域的最新成果都揭示出，为了完成复杂的顺畅阅读过程，大脑会产生某些特定的变化。在阅读过程中，大脑并不会构建出用以承担探究词汇或者辨识词汇等简单化的、线性功能的神经网络，相反，大脑会为更为复杂的顺畅阅读行为——互动行为——构建出神经通路。简而言之，孩子阅读能力的好坏，完全取决于孩子最初是如何学习阅读的！孩子在阅读的过程中，他的大脑是建立用以逐一辨识词汇的、简单化的神经通路呢，还是构建让阅读变得更能理解内容、感觉更从容而且更自然、觉得阅读起来更像与人交谈——也就是说，达到真正出色阅读境界——所必需的神经通路呢？你看到它们之间的差别了吗？

弄清了大脑在引导某一过程完成过程中所形成的神经网络，以及让·皮亚杰对儿童和儿童智力发展的研究成果以后，找到让所有的孩子自己学会阅读的方法就变得易如反掌了。

## 你是自己孩子最重要的导师

作为父母，你是自己孩子第一个同时也是最重要的导师，因此，你完全有能力影响孩子出色阅读能力的培养。很多年以来，父母们一直在这么做，只是并不知道其中的确切缘由。现在，你将第一次有机会精确地看到，阅读的过程是如何进行的，同时，你将第一次了解到，为了能让孩子出色地阅读，你可以为他们做些什么。

在我们深入探讨如何帮助孩子获得使其终身受益的阅读技巧之前，你有必要先弄清两点。首先，如果两岁、三岁或者四岁的孩子可以自行学会阅读，你的孩子当然也能。对很多人来说，考虑到顺畅阅读这一过程的复杂性，这样的观点似乎难以接受，不过，不必为此担心，你需要的是耐心，而且不要被这样的目标吓倒！你可以在自己的头脑中想象一幅这样的画面——那些两岁、三岁或者四岁的孩子自行学会了阅读，如果他们可以轻松而成功地自行找到阅读之道，你的孩子当然也能！关键是要让自己的指导步骤简单明了，而且尽可能让他们自己去寻找。如果你能得当地运用本书第四章至第七章论述的技巧，你的孩子很可能就会自行找到顺畅阅读之道。

其次，造成阅读障碍的首要原因，就是误以为阅读的过程就是逐一辨识每一个词汇。任何旨在让孩子"探究"每一个词汇以及让孩子全神贯注于解读每一个词汇的其他阅读教学方法，都有导致孩子的大脑误入歧途的危险。作为孩子最重要的导师，你有必要弄清大脑是如何完成阅读的，以及大脑是如何学习的。我们会在本书的第二章和第三章为你简明阐释这些极为重要的议题。你需要仔细阅读这些章节，需要研究它们，在你尚未弄清这些章节的基本理论之前，不要操之过急地进入"如何做"的章节（第二部）。第四章至第七章阐释了你可以用于指导孩子阅读的特定技巧。第八章重点陈述了阻碍阅读能力发展的真正障碍所在，当你的孩子开始上学以后，你期望看到什么样的成果呢？在第九章中，对这一问题的回答就是本书的结语。

　　孩子是否能出色阅读，完全取决于他们在大脑中能否构建出引导阅读顺畅完成的神经通路。同样，要想成为一位出色的阅读导师，你也需要在自己的大脑中构建出一个引导孩子阅读行为的神经通路。为此，你需要通读、玩味并试验本书提供的阅读指导技巧，同时，要始终牢记，这些技巧要运用得当。

## 成功故事：两个五岁的孩子成了痴迷的读者

　　一位社区发展组织的领导人和我谈到了下面的这个故事。他获得了一笔捐赠资金，用于在一个中学开设一个"正确阅读"培训项目。资金捐赠协议中有这样一个规定：他需要让聘用的阅读培训教师在学校放学以后的时间，在另一个地方为成人提供阅读培训。完全是出于好奇，这位领导人带着自己五岁的孙女和孙女的小朋友一起参加了这些培训，每周两到三天。

　　两个小女孩一直和那些有阅读障碍的少年和成人一起接受培训。三个月之内，两个小女孩都开始自己阅读了，不出六个月，这两个五岁的小姑娘都成了痴迷的读者，都能出色地阅读了。与此同时，这位社区发展组织的领导者看到，很多多年饱受阅读障碍之苦的中学生和成人消除了阅读障碍。你可以想见，现在，这位领导者已经成了阅读教育新观点以及由此生发出来的新教学法的不二追随者。

# 第二章

# 了解出色阅读者的阅读之道

我还记得我上一年级之前就已经学会了阅读的情景。能很快完成课堂作业，轻松自如地阅读老师在课堂上发给我们的简单故事书，确实是很惬意的事情。然而，我也记得当年的另一种感觉——惊异于我的很多同学居然那么艰难地应付这两件事情。我从来也没有像我的同龄人那么阅读过：吃力而缓慢地逐一弄清每一个词汇（译解），我总是顺畅地一看就能了解故事内容，从一开始，我就是个出色的阅读者。因为从来没人教我如何做个"译电员"，所以，我从来就没专注过每个词汇。

## 为什么说译解完全不同于顺畅阅读呢？

你或许会想，当孩子还没有任何译解词汇经验的时候，他们怎么可能出色地阅读呢？很简单，译解并不是顺畅阅读的认知过程。译解和顺畅阅读会激起大脑完全不同的行为和反应。听起来可能匪夷所思，不过事实确实如此，一个非常擅长辨识每一个词汇的学生，并不一定是一位出色的阅读者。下面的两个练习有助于你理解这一观点。

### 练习：删除了元音字母的词汇

读一读下面这些元音字母已经被删除的词汇：

lttl

th

t

wnt

th

grl

str

删除了元音字母，这些词汇你读起来是容易呢，还是很困难？你能确信自己可以正确地辨识出每一个词汇吗？

现在，在读一读下面这个句子：

Th lttl grl wnt t th str.

这个句子是不是读起来更容易些呢？几乎做过这个练习的所有人都说，读通上述词汇的第二种排序方式更容易些。为什么呢？如果说高效阅读的能力就是快速而轻易地辨识词汇的能力，那么，对大脑来说，阅读以上两种排序的难度应该是一样的。但是，它们并不相同。阅读随机排列的缺少字母的词汇，要比阅读将同样的词汇排列成有意义的句子——"The little girl went to the store"（那个小女孩去商店了）——更困难。很显然，词汇的辨识能力和顺畅阅读的能力并不是同样的认知行为。

## 练习：杂乱的词汇

下面这个练习，是佐证词汇辨识与顺畅阅读是完全不同认知行为的另一个例证。读一读下面这个句子：

I beneficial read the to task presented be complex to in on hope the discovering to in excellent cognitive will information your how chapter become of you this an learning child help reader. （这个句子直译为：我受益阅读工作呈现复杂在里面希望发现出色认知将会信息你的如何章节成为你这个学习孩子帮助阅读者）

阅读上述句子时，你注意到的第一个反应可能就是：你的大脑不喜欢读这样的文字。大脑是这样一种器官——专职负责弄清我们周边的事物。很可能，用不了多长时间，你的大脑就会意识到，这一段文字很难读通，而且弄不清其中的意义所在。或许，你会接着读下去，想费力地读通；或许，你会尝试将这段文字的词汇重新排序，以便弄清其中的含义；也许，你会断然停止阅读。当大脑被置于一个不能辨明其意义的情境中时，它就不再会参与进来了。

下面让我们来看看，你的大脑是不是更喜欢下面的这段文字：

I hope the information presented in this chapter on the complex cognitive task of learning to read will be beneficial to you in discovering how to help your child become an excellent reader. （我希望这章中有关学习阅读复杂认知过程的内容有助于你找到帮助孩子成为出色阅读者的途径）

不妨想一想你阅读以上两个句子的速度。两个句子是由完全相同的词汇构成的，那么，为什么你阅读词汇有序排列——表述某种含义的词汇排列顺序——的句子会比阅读词汇随机排列的句子更快呢？如果说顺畅阅读就是精确而快速地辨识每一个词汇，那么，你阅读上述两个句子的速度为什么会不一样呢？然而，绝大多数人说，他们阅读有某种含义的句子的速度更快。根据这个练习，我们可以得出这样的结论：阅读的时候，大脑并不只是辨识词汇，还要做其他事情。

## 记忆的局限性

大脑为什么不能通过逐一辨识词汇的方式来完成阅读过程呢？看起来，这是最简单而且也是最可能的阅读方式。答案是：人类大脑的短暂记忆在存储信息的数量上有其局限性。如果你通过逐一辨识一个句子的每个读音（译解）或者逐一辨识每个词汇（观察词汇）的方式阅读，那么，大脑的局限性就会使你很难，甚至完全不能明了阅读的内容。下面，我们花点时间来看看纯粹的译解者是如何阅读的。

### 练习：译解句子

大声读出下面的句子，在破折号的地方稍作停顿。当你读完一个词汇的所有构词成分以后，再将整个词汇读出来，逐一读下去。这就是当一年级的学生不能立刻逐一辨识出句子中的词汇时，人们教给他们的典型方法！

Th－e y－e－ll－ow b－a－ll－oo－n w－i－ll ex－p－
l－o－de wh－e－n i－t g－e－t－s t－oo b－i－g.

（那个黄色气球吹得太大就会爆的）

这种阅读方式是对大脑工作记忆（也称为短暂记忆）局限性的严峻挑战。科学家已经发现，短暂记忆的能力非常有限，某一时刻平均只能存储 7 个比特的信息——有可能多两个或者少两个。一个完全通过译解方式来阅读的孩子，会陷于这样的困境：他的大脑必须保留和汇集太多比特的信息。上述练习的句子至少含有 38 比特的信息，如果每一个字母都要逐一辨识出来，都要运用译解的方式来阅读，那么，这些信息就必须从左到右按顺序重新配置，才能弄清句子的含义。然而，当阅读者弄清前三个词汇的含义［Th－e y-e-ll-ow b-a-ll-oo-n……（那个 黄色的 气球 ……）〕时，大脑处理信息的能力就已经超限了！就像已经达到能力极限的计算机程序一样，一位纯粹靠译解方式阅读的读者必须将刚刚存储的信息清除，才能为后续的信息腾出空间。

当阅读者通过逐一辨识每个词汇、看清每个词汇的方式来阅读时，这种短暂记忆的局限性就会阻碍读者弄清阅读材料的内容。下面的练习可以让你感受一下，一——个——字——一——个——字——阅——读——的——感——觉。

## 练习：通过逐一辨识每个词汇的方式阅读

从视觉上有意专注于下列句子的第一个词汇，之后，读出那个词汇。停顿一下，之后，再从视觉上专注于下一个词汇，读出那个词汇，然后，再停顿一下。不要译解每个词汇，只是读出每个词汇。要注意：你的大脑会试图快速读下去，以便弄清文字的含义，所以，你要强迫自己专注于每个词汇。

If—your—brain—always—reads—to—identify—words—rather—than—to—construct—the—author's—intended—message，—you—would—probably—avoid—doing—it.

（如果——你的——大脑——总是——通过——逐一——辨识——每个——词汇——而不是——通过——想象——作者——想要——表达的——意思——的——方式——来——阅读，——那么，——你——很——可能——就会——避免——使用——这种——方式）

实在说不上是什么令人愉快的阅读体验，是吧？这就是我们要求孩子做的——教导孩子通过专注于每个词汇，而不是让孩子注意作者想要传达的意思的方式来阅读，你感受到这种阅读方式给你带来的感觉了吗？文字的内容来自表达某一个含义的很多组合到一起的词汇，而不是来自相互隔绝的词汇！因此，对大脑而言，处理包含很多词汇的某些信息要比处理单个的读音或者单个的词汇要容易得多。通过辨识文字所表达的含义，大脑就能超越短暂记忆的局限性。

## 通过逐一辨识词汇的阅读 vs 通过想象含义的阅读

作者表达的意思（或者他们试图表达的意思）为顺畅阅读提供了基础和支持。出色的阅读者通过含义来阅读，它们的阅读过程根植于自己已经了解到的事物。请不要将这种阅读方式与基于技巧、为了弄清文字含义的整体语言教学（whole‐language）（也译为"全语言教学"，是美国一种语言教学哲学。——译者注）观点混为一谈。两种观点有着本质的不同。为了弄清语义的阅读教学法建议读者通过辨识以及概括所有单个词汇的方式来了解文字的含义，而想象文字含义的阅读教学法则认为，只有当读者从一开始就通过将头脑中的想象与作者试图表达的意思结合到一起的时候，顺畅阅读才能进行下去。

### 练习：一段自由体诗歌

这个练习表明了"为了弄清意思的阅读"与"根据想象的阅读"两种方式的区别。读一读下面这段诗句：

用典当珠宝的资助
我们的英雄勇敢面对所有
试图阻止自己宏伟计划的轻蔑讥笑
他说，你们的眼睛欺骗了你们
这个未曾探明的星球是个"鸡蛋"而不是张"桌子"
三位坚定的女性要为此寻找证据
有时候，他们穿越平静的浩瀚水面

然而，更多的时候穿行在狂躁的波涛中

正当怀疑者的可怕谣传传播开来的时候

终于，期待已久的飞鸟出现了

证明了他们的巨大成功

——选自 D. J. 都灵（D. J. Dooling）和 R. 莱持曼（R. Lachman）
发表于 1971 年的一篇论文

尽管其中的每个词汇都不难辨识，不过，对大多数人来说，依然很难弄懂这段文字。请再读一遍，不过，这次，你在头脑中想着克里斯托弗·哥伦布。

第二次阅读是不是更容易呢？现在，诗歌的含义是不是也更清楚了呢？对大多数人而言，答案是肯定的，可是，为什么呢？

第一次阅读的时候，大多数读者并不能根据文字的含义读懂这段诗句，因为其中的关键信息已经被抽离了。不能将阅读的行为与头脑中已经存储的相关学识联系起来，读者只能被迫通过文字的含义来阅读，或者希望通过逐一辨识每个词汇而读懂这些诗句。然而，如果没有"克里斯托弗·哥伦布"这个额外的信息，要想读懂这段文字几乎是不可能的。对大脑而言，哥伦布的名字就像一个"灯塔"，指明了存储这位探险家和他的航海故事的所在。当阅读建立在头脑中存储的知识基础之上时，阅读者就能预测或者预见到文字所要传达的含义了，因为读者可以快速有效地将对哥伦布和其航海故事的了解与作者想要表达的信息联系到一起。

在阅读过程中，"理解"是一个很重要的概念。毕竟，阅读的全部目的就是要弄清作者的意思。我们这里所说的"理解"的本质，就是在阅读者已经知晓的信息（存储在记忆中的信息）与作者试图传达的信息之间建立一个可以预见的关系，这也是为什么大脑通过理解含义阅读的过程总是更有效的原因。据此，理解——或者了解文字的含义——就成为所有出色阅读者的阅读方略，理解将出色的阅读过程变成了一个完整的、综合的一致性过程。因此，理解并不是一个可以单独被教会的阅读技巧，而是大脑正确阅读过程的必然结果。

### 通过理解含义的阅读：汉字的启示

汉字体系是从最初的象形文字演化成表意文字或者直接代表某些含义的符号文字的。图 2.1 就是利用表意文字表达含义的例证。这些文字的含义是"熊在水里"，按照汉语的结构特点，这些文字更精确的含义是"水里有只熊"。你能从中找到代表"熊"的文字吗？提示：熊有四只爪子（看一看第六个字）。你能找到代表"里面"的文字吗？提示：不妨找一找有些笔画被框进长方形的文字（看一看第三个字）。最后，你能找到代表"水"的文字吗？不要将水想象成波浪，你可以将水想象成撞击陆地的某种力量（看一看第二个字）。

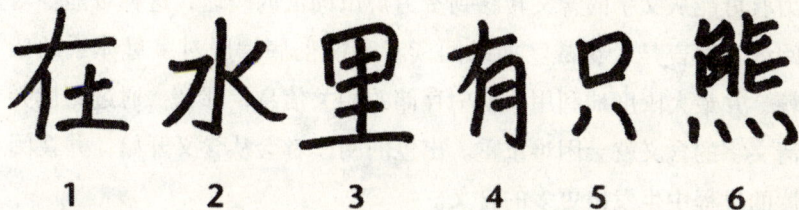

# 在水里有只熊
## 1　2　3　4　5　6

图 2.1　利用表意文字表达含义

尽管文字的含义很明确，不过表意文字体系依然很难掌握，因为阅读者必须记忆数千个文字。然而，具有讽刺意味的是，虽然学会大量的符号才能确保出色地阅读，不过文字的形态而不是读音会将大脑的注意力自动引向文字的含义。阅读表意（象形）文字的时候，大脑的注意力不会像阅读字母文字体系那样，容易从文字的含义偏离开。看一看下面的比较：

阅读汉字：

- 第一步：符号（表意文字）。
- 第二步：含义。

**阅读英语（传统的阅读指导理论）：**

- 第一步：符号（字母）。
- 第二步：将一个字母或者几个字母的组合与某个读音联系起来。
- 第三步：将读音混合在一起。
- 第四步：辨识词汇。
- 第五步：在一个句子中，对每个词汇都重复上述过程。
- 第六步：将所有的词汇汇集到一起，以弄清一个句子的含义。

无论是阅读字母文字还是表意文字，阅读的目的都是一样的：弄清作者所要传达的意思。在字母文字体系中，阅读者大脑的注意力有可能从文字的含义转移到费力辨识词汇的歧途，这种可能性对阅读者而言是个挑战。如果阅读者不能彻底摆脱对字母体系的依赖，并最大限度地利用头脑中存储的相关信息，那么，通过阅读弄清文字的含义就会困难重重。出色的阅读者会从含义开始，并在阅读的过程中生发出更多的含义。

在阅读表意文字时，阅读者大脑的注意力不可能从正确的认知行为（构建文字的含义）转移开来，因为汉字本身就直接代表着某种含义。1994 年，当业界巨头摩托罗拉公司与我公司签约，要我们利用"正确阅读"的培训方法，为其在中国北京和天津两家工厂的中国员工提供培训服务时，上述观点让我受到了巨大启发。摩托罗拉公司要我们培训其中国员工的英语交流技能。尽管我们在北美地区从未培训过拥有象形文字语言背景的移民，不过我想，因为汉字是象形文字，所以，我们的中国学生没有一个人会有阅读障碍。

当我们为培训制订培训日程、准备培训材料的时候，我将自己的假设告诉了"正确阅读"培训课程的教师，我说，我们不会遇到任何有阅读障碍的人。他们对此深表怀疑。在美国本土，我们曾经为各种类型的公司进行过很多旨在提高阅读能力以及提高英语水平的培训服务，我们从未发现有哪个受训人群中没有有阅读障碍的人。我们的教师们很奇怪，为什么在中国进行的培训会例外呢？

事实上，他们从一开始就没弄清楚有阅读汉语这类表意文字的阅读经验对阅读学习的重要性。我确信，如果全新的阅读教育观念精确反映了大脑在出色阅读过程中的行为，那么，那些最初是以象形文字体系学会阅读的人，在阅读自己母语的时候，就不会存在阅读障碍。他们的大脑或许不能识认某些文字，但是，他们隐隐地明白，顺畅阅读需要把自己头脑中已经存储的信息与作者试图传达的信息联系起来。我预想，当他们将自己对表意文字的阅读能力延展到阅读字母文字时，大多数中国阅读者都很清楚阅读过程的根本特点，从而，只要我们不改变他们最初的阅读方式，他们在阅读英语时就不会有任何障碍。这意味着我们必须让他们专注于文字表达的含义，同时，根据"正确阅读"的教学法，要完全避免使用任何语音译解和逐一识认词汇的方式。

结果，当我们完成了宝洁公司在中国的三个工厂的员工培训以及摩托罗拉公司的两个培训项目以后，我的假设得到了五个城市里650多名中国员工的验证。

在我们进行这些培训的五年中，我们没有遇到一个有阅读障碍的中国员工——一个也没有。结果完全不出我所料：他们都将自己对表意文字的出色阅读能力转化成为出色的英语阅读能力，因为无论阅读哪种文字，他们在阅读过程中试图达到的根本目的并没有改变。我们无需让他们养成专注于译解和专注于每个词汇的阅读习惯（他们本来就没有这种阅读习惯），他们通过得当地预测作者试图传达的信息的方式，自己就找到了阅读英语之道。

# 我们用眼睛阅读，而不是用耳朵

以译解和语音式的阅读教学观看来，所有的阅读者都必须将书面词汇中的每个字母与其对应的语音联系起来，之后，将各个语音混合起来，从而，通过将其"重新编码"为词汇的整体语音而识认这个词汇。然后，阅读者必须一次又一次地译解和"重新编码"同一个词汇，直到这个词汇的复制品最终"镌刻"在大脑中的"词汇生成区"。一旦某个词汇的复制品存储到大脑的"词汇生成区"，无论何时，当阅读者在书面文字中碰到这个词汇的时候，这个复制品就可以被马上调用了。

而在新阅读教学观看来，出色的阅读者利用字母的目的并不是为了译解、"重新编码"，也不是为了将词汇与大脑中存储的复制品对应起来。

## 练习：杂乱的字母

2004 年，下面这段文字通过互联网得以在全世界广为传播，它有助于验证译解式阅读教学方法的缺陷，同时有助于弄清出色阅读者在阅读过程中到底是如何利用字母的。

Aoccdrnig to rseerach, it deosn't mttaer in waht oredr the ltteers in a wrod are preseetend. The olny iprmoatnt tihng is taht frist and lsat ltteres are at the rghit pclae. The rset can be a toatl mses and you can sitll raed it wouthit a porbelm.

（上述文字的正确拼写应该为：According to research, it doesn't matter in what order the letters in a word are presented. The only important thing is that first and last letters are at the right place. The rest can be a total mess and you can still read it without a problem. 研究发现，在一个词汇中，字母

的顺序并不重要，唯一重要的是：第一个字母和最后一个
字母的位置是否是正确的，其他的字母可能混乱不堪，不
过，你依然可以毫无障碍地读通)

在这段文字中，没有任何一个超过三个字母的词汇的拼写是正
确的。如果出色的阅读者是通过译解、重新编码或者将每个词汇都
与大脑"词汇生成区"中存储的复制品对应起来的方式来阅读的
话，那么，他们可以轻松而有效地读通这段文字吗？当然不能。但
是你却能。怎么回事儿呢？

出色的阅读者阅读时，为了快速而有效地把自己头脑中存储的
信息与作者试图传达的信息联系起来，他们只利用那些自己需要的
字母信息，同时舍弃其他的信息。阅读者的大脑会通过一个内在的
"策略性取样"过程探究那些最有用的字母信息，这个"策略性取
样"过程能让读者的大脑快速而有效地寻找和发现某些字母信
息——这些字母信息会支持阅读者对作者试图传达的含义的预测。

对出色阅读者的研究以及对他们的眼球在阅读过程中运动方式
的研究成果，为这一论点提供了证据。译解阅读方式和逐一识认词
汇的阅读方式，需要阅读者目不转睛地从左向右扫描文字。然而，
视觉科学家发现，出色的阅读者在阅读时并不是这样运动眼球的。
相反，他们的眼球会在阅读材料上"取样"，眼球的运动虽然看似
飘忽不定，不过却具有某种特定的运动方式。出色阅读者在阅读
时，眼睛的注意力先是落在后面的几个词汇上，之后，再落在这几
个词汇之前的地方，很显然，在某一特定时刻，他们在寻找有助于
预测阅读材料含义的某些东西。此外，视觉研究者还发现，经验丰
富的阅读者平均只专注于一段文字中60%—65%的词汇。令人惊
异的是，即使是刚刚学会阅读的人，也只专注于一段文字中80%的
词汇。

为什么出色的阅读者在顺畅阅读过程中会先向后看，之后再返

回到前面，而且不能将注意力集中于所有的词汇呢？如果说存在一种更为有效的阅读方式，那么，对他们来说，专注于每个词汇就是不必要的。因为人类大脑的结构具有高效运作的特点，所以，它会利用任何信息以及所有可获取的信息来预测作者试图传达的含义，它会同时利用与阅读材料主题有关的储备信息、语言功能如何运作的信息、作者的写作风格信息、字母信息以及其他有助于预测阅读材料含义的信息。

你可能会想："哦！是吗？可是，我在阅读的时候就'看到'了每个字母和每个词汇。"

对此，你能肯定吗？研究显示，在阅读的过程中，出色的阅读者总是在做词汇置换，他们会用自己更熟悉的词汇来替换作者使用的词汇，他们还会省略某些大脑从潜意识层面认为并不必要的词汇，他们甚至会自行添加某些词汇，只要阅读材料的含义保持一贯。出色的阅读者总是确信自己读到的词汇和作者使用的词汇是完全一样的，但是，事实并非如此。

## 练习：出色阅读者会修改原文

下面这个例子来自倾听出色阅读者的朗读。原文是：

People were warned of the high fire danger and urged to be extra cautious.

（人们被警告非常容易发生火灾并要格外小心）

一位出色的阅读者会将其读成：

The people were warned of the fire danger and urged to be extremely careful.

上面两个句子对你来说是一样的吗？别回头去找，你注意到了它们两个之间的几处不同？现在，再次仔细看看这两个句子，你能轻易找到四个词汇的变化吗？

视觉研究的其他成果也支持有效阅读过程中读者采用"取样"方式的观点，同时也有助于解释为什么大脑可以发现此前你阅读的那段混乱文字之中的含义。视觉科学家试图弄清当人们阅读较长词汇——那些由五个到七个字母构成的词汇——的时候，阅读者眼睛的注意力会落在何处。如果说出色阅读的过程就是译解词汇的过程，那么，从逻辑上说，阅读者的注意力无疑会集中于每个词汇的第一个字母，之后，从左到右顺序扫描词汇的每个字母。然而，视觉科学家发现，阅读者眼睛的注意力会集中于较长词汇中心偏左的地方——也就是第三个或者第五个字母，依词汇的长短而定。将注意力集中于接近词汇中心的位置，可以让大脑立刻收集更多的字母信息。这一事实更清楚地表明，在阅读过程中，大脑会探寻任何可以让自己持续预测文字含义的字母信息，会探寻任何可以持续证实或者否定自己预测的字母信息。

根据这种全新的观点，任何时候，在预测文字含义的过程中，我们大脑需要的字母信息可以来自词汇的中心和末尾，也可能来自词汇的开始部分。如果不必这么做也可以精确预测一段文字的含义，那么，大脑可能完全不留意某些词汇。通过在一段文字中取样的过程，同时，通过将阅读材料的信息与记忆中储存的信息整合到一起的过程，在某一时刻，大脑会利用任何有助于预测文字含义的字母信息，同时会有效忽略其他信息。

## 阅读过程中的预测策略

出色阅读者始终都会运用预测文字含义——或者预测作者试图传达的信息——的阅读策略，而他们自己可能对此毫无知觉。下面的练习可以佐证这一观点。

### 练习：利用预测策略

阅读下面的句子：

The little boy lives in a _____.

（那个小男孩住在一个_____里）

大部分出色的阅读者都会自然而然地而且是下意识地预测这个句子想要表达的意思，而不会读成"那个小男孩住在一个'空格'里"。他们会将某个词汇放入空格中，以表明自己的预测："那个小男孩住在一只'鞋'里"（如果这句话出现在幼儿诗歌里），"那个小男孩住在一个'房子'里"，对那些生活在伦敦的人来说，他们或许会读成"那个小男孩住在一套'公寓'里"。就那个小男孩生活在什么地方的问题，出色的阅读者会根据自己的知识，预测或者预先陈述一个合乎逻辑的地点，并将某个表明自己预想的词汇自动添加进去，以完成这个句子。

添加一个字母以后，阅读者的大脑可能会就此修改自己的预测：

The little boy lives in a h _____.

现在，在空格处填写"公寓"（公寓"flat"的首字母为"f"）或者"鞋子"（鞋子"shoe"的首字母为"s"）就不再合适了。因此，阅读者会这样完成这个句子："那个小男孩住在一个'房子'里。"只要这个句子在上下文之间是读得通的，阅读者可能就会继续读下去，而不再考虑更多的字母信息。然而，如果阅读者不能肯定自己的预测，那么，他就会将更多的字母信息整合进来，以减少不确定性：

The little boy lives in a h _____t .

当阅读者的大脑将这个额外的字母信息整合进来时，它必须否定之前对这个句子含义的预测，同时对作者试图传达的信息进行新的预测。基于对人类居所的了解，出色的阅读者现在很可能会这样完成这个句子："The little boy lives in a hut. "（那个小男孩住在一个小屋里）除此以外，没有其他真正合理的预测。下文会证实这个预测：

The little boy lives in a hut. His home is in a small village in Africa.

（那个小男孩住在一个小屋里，他的家在非洲的一个小村庄里）

## 练习：关键字母

就大脑如何选择性利用字母信息来预测书面语言的含义而言，下面这个练习提供了另一个证据。尽你所能阅读下面这个句子，尽管其中略去了很多字母：

Th __ __itt __ns __r __ s __ft.

尽管其中三分之一的字母信息已经被移除了，这个句子依然可能读得通。很多英语句子是以词汇"The"开始的。只要阅读者的大脑存储了英语句子模式的足够知识，他就会很容易预测出第一个词汇是"The"，之后，快速读下去，并试图回答这样的问题："The""什么"呢？就此，大脑会试图做出其他预测。作者是在谈"mittens"（拳击手套）或者"kittens"（小猫）吗？这时候，大脑会隐隐地引导阅读者的眼睛往下看，以发现有助于预测文字含义的更多信息。跳过紧随其后的字母"r"，眼睛可能在最后一个词汇中汲取字母信息，以便做出可以破解整个句子含义的预测。从这个句子的结构以及对"拳击手套"和"小猫"的了解来看，阅读者的大脑知道，最后一个词汇最可能是"soft"（柔软）。"The mittens are soft"（拳击手套是柔软的）和"The kittens are soft"（小猫是柔软的）都是完全读得通的。紧随这个句子之后的句子有助于阅读者验证自己的预测。

现在，让我们来看看，加入第二个略去了某些字母的句子会出现什么情况：

Th __ __itt __ns __r __ s __ft. ____y __av __ w ____sk __rs.

尽管第二个句子一半的字母信息被移除了，不过，最后一个词汇的关键字母依然可以让大部分出色阅读者证实或者否定自己对第一个句子的预测。阅读者的大脑会顺理成章地确信，上面两个句子谈的是"小猫"，因为小猫有"whiskers"（胡须）。

在上述过程中，出色的阅读者是否使用过纯粹的译解阅读方式呢？是的，使用过，但是，只有当他们遇到生词的时候才会使用。当他们使用译解方式的时候，实际上，他们的行为已经不是阅读的范畴了，而是语言的范畴，当阅读者试图弄清一个生词的意思的时候，他们可能会将译解的方式作为辅助手段来运用。

比如，看一看下面的词汇："bilabial plosives"。如果你从未看到过也从未听到过这个词汇，或许，你会把它们读出来，以弄清它们中的某些构词成分是否与你知道的某个词汇或者某些构词成分有关系。如果你不能通过将其与自己已经知道的词语建立联系的方式弄清其含义，那么，你很可能会去查字典，或者索性继续读下去，你是去查字典还是略过它们继续读下去，取决于这个词汇对你有多么重要，取决于你多么想知道它们的确切意思。如果你去查字典，你会发现，"bilabial"的意思是"双唇音，有两唇的"，"plosives"的意思是"爆破音"———一种语音。英语字母"b"和"p"的发音就是双唇爆破音：发这类语音时，气流先是被禁闭的双唇（"bi-labial"）锁定，之后，气流"爆开"（"plosive"），将双唇推开，并发出声音。

## 译解：阅读能力开发的障碍

旧有的阅读教学观点让我们确信，译解阅读方式——或者通过探究的过程识认所有词汇的方式——是阅读能力培养的必要常规过程。而在全新的阅读教学观念指导下，我们很少运用译解的阅读方式，只有需要学习新词汇时，我们才会使用它。如果孩子不能自行摸索、找到其他确保出色阅读的复杂、有效策略，那么，教导孩子在阅读的过程中专注于译解，就可能造成他们严重的阅读障碍。换句话说，有阅读障碍的阅读者之所以如此，是因为他们的大脑总是严格按照主人的指令去做。告诉孩子，"吉米，探究词汇的意义"；或者，"詹妮，你把那个词弄错了"；会导致他们的大脑专注于词汇的识认。

最近，我与一个孩子的父母——译解阅读方式的坚定信奉者——的遭遇更证明了这样的假设：有阅读障碍的阅读者通常都对阅读抱有错误的观念。一个参加我们在学校举办的"正确阅读"矫正培训项目的男孩的母亲来到教室，想知道为什么她儿子说自己参加的"实际上并不是阅读培训班"。当她看到每个参加培训的学生都深深沉浸在阅读之中时，她的怨怒变成了困惑。

探问之后，我了解到：她儿子之所以觉得自己参加的并不是一个"真正"的阅读培训班，是因为他并没有做大量作业，也没有得到逐一识认词汇的其他指导，而那些方式是他在其他阅读培训班上都经历过的。在"正确阅读"矫正的培训课程中，老师让他做的则完全不同。而那些"根本性的不同"正是旧有的阅读教学观和全新观点的差异所在。

本章中的练习让我们初步了解到阅读行为的复杂特点，在第三章中，我们会探究大脑是如何学习的，还要探讨要学会出色阅读大脑必须如何工作。

## 成功故事：从一个有阅读障碍的孩子变成成绩最优的学生

就出色的阅读能力如何塑造孩子的未来而言，这个故事是个完美的例证。马特·豪斯成长在对其关爱备至的父母身边，他的父母受过良好的教育，而且不遗余力地投身于对马特的教育中。马特的父亲是位律师，母亲是位中学教师。然而，当马特九岁上三年级的时候，他在学校进行的阅读测验中只得了百分制的十五分。如此低的分数是严重阅读障碍的清楚征兆。几年来，马特的父亲一直通过书信和我分享他儿子的故事。下面就是其中的一封：

1995 年 6 月 30 日

亲爱的泰德罗克博士：

最近，就消除我儿子严重的阅读障碍问题，我和我妻子玛莎从贵公司得到了很多帮助。在此，请允许我对您的帮助表达深深的谢意，同时表达我们对"正确阅读"课程的崇敬之情。我们九岁的儿子马特有严重的阅读障碍问题，无论是玛莎、马特的老师，还是我本人，都使尽了浑身解数，但都于事无补。有近三年的时间，我们总是觉得，刻苦的学习加上长时间的训练最终会解决马特的阅读问题。可是，我们错了。

我们听马特朗读时的那种挫败感实在难以言表。我们很清楚，他是个非常聪明的孩子，而且他确实非常努力。每天，我们都花时间和他一起读书，通常一个小时，有时候时间更长些。我的挫败感如此之强烈，以至于不止一次对他大发雷霆，因为我就是觉得他不够努力。他怎么就不能顺畅阅读呢？

　　玛莎有硕士学位，在马特上学的学校教数学和科学课程。她总是经常性地与马特的老师交流，以寻求解决马特阅读问题的建议，并请老师们对此予以特别留意。马特一直有异常优秀的老师，而且每位老师都在努力帮助他。

　　在两个半月内学完 21 节"正确阅读"课程之后，马特的阅读障碍问题得到了彻底解决，成了一个不知餍足的出色阅读者，并深为自己感到自豪，我们也一样。现在，他每周都要自己阅读三、四本书，而且一有时间就给他母亲、姐姐和我大声朗读。

　　"正确阅读"课程在两个半月之内就帮助马特解决了马特最好的老师和其他课程以及玛莎和我费尽心机都未能解决的问题。

　　根据我自己对"正确阅读"课程的感受，我深知，它是卓有成效的。我们全家都对您给予的专业帮助充满感激之情。

您忠诚的<br>理查德·T. 豪斯

　　我们是如何帮助已经上了三年级的马特克服阅读障碍的呢？我们让他重新学习了阅读的方法，而且是全然不同的方法。我们没有教他译解的阅读方法，也没有让他在阅读时逐一识认词汇，而是帮助他找到如何利用头脑中存储的很多信息来预测作者试图传达的信息，同时，告诉他如何得当地运用出色阅读的概念，以帮助他提高阅读表现。

　　我们对马特的培训过去几年以后，他不但在阅读测验中，而且还在其他评估测验中，都取得了 99 分的优异成绩。他在学校持续表现优异，并成为 330 名中学毕业生的优秀代表，同时被加利福尼亚州声名卓著的私立学校哈维玛德大学（Harvey Mudd College）录取。"我非常喜欢大学里的书店。"马特最近谈到，"我常常在书店流连数小时，因为那里有那么多有趣的理论和科学创想"。这个结果对一个在九岁的时候还有严重阅读障碍的人来说应该相当不错了。马特的生活发生了永久性的改变，因为现在，他阅读时不再将注意力集中于每个词汇了，而是根据阅读材料的含义阅读，轻松惬意地阅读，就像与人交谈那样地阅读。

# 第三章

# 神奇的大脑以及我们是如何学会表现优异的

在我还是个小女孩的时候，就常常听我母亲说："如果一件事值得去做，那么，这件事就应该做好。"或许，她本能地知道，在任何事情上的卓越表现都不是随机的。相反，卓越的表现必须由人们的大脑有意识地去完成，其意愿必须深入到潜意识的层面，而且必须作为神经通路的一部分解构出来。

这对阅读教育具有重要的启示作用。这种观点意味着，大部分阅读障碍问题并不是源于大脑结构的差异，而是来自出色阅读者和拙劣阅读者如何"学习"阅读的差别，或者更确切地说，来自解构指导阅读过程的神经通路中的信息的差异。神经网络运作的好坏，完全取决于阅读者最初是如何在潜意识层面构建复杂的神经网络的。

神经通路的优劣决定了一个孩子阅读能力的高低，这一观点对那些渴望帮助孩子成为出色阅读者的人而言，既是个令人振奋的观念，也是个会导致不良后果的观念。

- **令人忧虑之处：**在孩子的生活中，对孩子关爱备至的人为孩子提供的指导和环境有可能直接导致孩子的阅读障碍。
- **令人振奋之处：**几乎每个孩子都能通过训练而构建出让阅读过程沿着正确方向发展的神经通路，从而获得出色阅读的能力。在孩子的生活中，如果出色的阅读者清楚如何做，那么，这种指导就可以有目的地进行。

对你来说，要想成为一个高效的教练，有必要对大脑学习某些程序的过程以及大脑如何学会卓越表现的过程有个基本的了解。当你遇到意外情况时，这些知识有助于你作出明智的判断，而且有助于你弄清，在你教导孩子成为出色阅读者的过程中，你为什么要那么做。

## 大脑的运作方式——简单化

对大部分人来说，想到大脑科学往往会望而却步。我们总是开玩笑说，不要当脑外科医生，想来确实有其道理。获得成为大脑科学领域的专业人士所需的学识的确令人望而生畏，不过，大脑的基本功能并不难了解，此外，了解大脑的基本功能对于弄清出色阅读者是如何快速而高效地阅读报纸、杂志、诗歌以及书籍而言，确实是至关重要的。如果你将人类的大脑想象成一个有生命的计算机（但不完全是个计算机），而不是头颅中某些灰色的物质，那么，弄清大脑的运作原理就会容易得多。

计算机都做些什么工作呢？是的，计算机专门用来存储、恢复和使用信息。我们的计算机具有存储海量信息的功能，能为我们存储所有的信息——从文学作品，到日复一日的商务事务。一旦将信息存储进来，这些信息就可以随时供你快速而高效地调用了。然而，计算机在具备这些功能之前，必须有人为其编写程序，以便它们能富有成效地运作。

人类的大脑存储信息、调用信息的能力比计算机更加强大，而且比计算机的适应性更强。计算机如何运作是受到严格限制的，而且某一时刻只能运作一个程序，它们将信息存储在系列微芯片或者磁盘驱动器中。而人类的大脑能改变自己的功能，并且可以同时运作多个程序，可以通过化学系统和电子系统在大脑不同区域的运作来解构相关信息，这个信息解构的过程通过神经元之间的交互作用来完成，而神经元的协同作用可以形成神经网络或者神经通路。

## 大脑的运作程序：神经网络的作用

计算机是硬件化架构，或者称为"硬连线结构"、"固定线路指令结构"，这就意味着它们的运作程序不能更改。然而，人类的大脑是神奇的"软连线结构"，它可以改变自己的"连线方式"，这个功能与将一个个的神经元连接起来的"信号路径"密切相关。当大脑寻求发挥更多、更有效功能的时候，可以断开、再连接以及构建无数的信号路径，你可以从数量上想象到这种构建行为的复杂，在成年人的大脑中，一个八分之一立方英寸大的灰色大脑组织就有大约 300000 个神经元，有 39360 英尺的"连线"，而且有 300 万个连接点（突触）。婴儿出生的时候就拥有了大部分神经元，但是，他们大脑中的"连线"很少！（参见图 3.1 和图 3.2）

我们大脑中的"连线过程"在我们出生前就开始了。正如图片所描绘的，三个月大的时候，婴儿大脑的神经元就已经"萌生"出了大量的连接。解读我们学到的所有东西都要通过我们构建的神经通路的相互作用。

（资料来源：Medical Art Services/ Photo Researchers, Inc.）

图 3.1 三个月大婴儿的神经网络

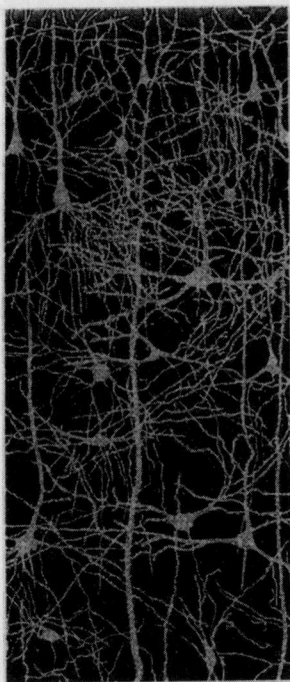

到两岁的时候，孩子就比三个月大的时候拥有了更多的知识，各项机能也更发达了，他们大脑中的神经通路的变化反映出了他们的世界日趋复杂。

（资料来源：Medical Art Services/Photo Researchers，Inc.）

图 3.2  蹒跚学步的两岁孩子的神经网络

计算机程序编制者为计算机建立了"硬连线"结构，那么，谁为大脑编制"软连线"结构呢？是的，就是我们自己！所有的婴儿、儿童和成年人都从大脑形成的初期就开始了持续一生的软连线构建过程。正在母亲子宫中踢腿的胎儿是在摸索如何运动自己的双腿，或许，他们也可能是想在有限的空间中调整自己的位置。蹒跚学步的孩子必须自己学会如何在行走过程中保持身体的平衡、动作的协调和肌肉的运动。那些痴迷于滑板运动的儿童和少年并不是去"滑板学校"学习滑板技巧的，相反，他们会自学如何做"翱骊"（Ollie）动作（带板腾空）和"碾磨"（Grind）动作（脚踏滑板滑过围栏栏杆或者铁轨）（"翱骊"是滑板最重要也是最基础的一个动作。这一动作由美国滑手 Allan Gelfand 首创，他的昵称为 Ollie，该动作也因此而得名。——译者注）。没有任何外力可以为他们的大脑构建获得成功完成这些动作所需的平衡能力、协调能力和运动能力的软连接，他们必须自己找到如何建立这类软连接的方法。

所有人学习类似的过程——也称为"程序性学习"——也一样。在不存在身体缺陷的前提下，我们完成数千种动作的水平和完成质量的高低，都取决于我们自己构建软连接的效能。除了某些程序、"如何做某事"以及经过编码储存在我们每个人神经网络系统中的知识以外，我们大脑中的"软连接"还包括我们知道的所有实际信息、我们的信仰以及我们抱持的观念。

当我们打开计算机的时候，我们清楚地知道如何操作这种机器。然而，计算机的真正运作过程则隐藏在电路网络和记忆芯片中。虽然我们知道计算机的运算结果，不过，我们大都不知道如何得到那些结果。

我们的大脑也与此类似。我们很清楚地知道如何做某些事情，比如，谈话、走路以及骑自行车，但是，赋予我们这些能力的机制则隐藏在我们的大脑深处，它们的运作是内在的、不可见的。我们不知道我们构建的神经网络是什么样的，不知道如何调用这些网络来完成某些动作，但是，它们确实就在那儿存在着，并支配着我们身体能力和认知能力的方方面面。我们大脑中的软连接并不是自觉构建的。

在少年儿童如何学会完成某些程序的研究领域，让·皮亚杰是全球最权威的专家之一。他为所有程序性学习过程中存在的潜意识互动特点提供了一个例证："……一个婴儿努力想抓住一个悬挂的物体，但只能碰到它，却不能用手握住它。对婴儿来说，这种结果饶有趣味，所以，他会通过'再生性同化'（Reproductive Assimilation）的方式———系列校准和修正的过程——反复去抓握，直到有能力稳定完成动作为止。"

从学术角度而言，让·皮亚杰谈到的"再生性同化"可以理解为婴儿的大脑一次又一次重复进行的神经元之间的信号传递——或者"神经触发模式"。当婴儿试图找到成功完成抓握动作的方法时，其大脑会构建某些软连接，而"一系列校准和修正的过程"就是在其大脑的软连接中进行的不断调整过程。在这个过程中，婴儿会建立起终其一生都会引导自己抓握过程的神经通路。找到抓握的方法需要婴儿的动作与婴儿所处环境的某些方面之间的互动，涉及婴儿支配抓握过程的神经通路的构建，这就是让·皮亚杰著名的学习能力和认知能力发展的"互动构建者"观点。

根据学习者就是互动构建者这一观点，要想在我们的大脑中构建指导完成任何程序的软连线，我们必须：

1. 确知我们试图完成的程序是什么（目标）。
2. 为完成既定目标，预测或者预见我们必须做些什么。
3. 根据最初的预测进行第一次尝试。
4. 内在分析尝试的结果。
5. 判断尝试是否成功。
6. 如果不成功，那么，内在预测什么样的调整有可能取得成功。
7. 进行新尝试。
8. 不断重复这一循环过程，不断进行内在的调整，直到找到如何完成既定目标的方法。

随着时间的推移，随着我们依据这个"预测循环"过程的不断尝试，我们就会构建出引导我们希望完成的程序的神经网络。我们学会所有技巧和掌握所有知识的过程都需要这个软连线的过程，都需要为信息编码以及构建神经通路的过程。在大脑中进行的信息编码过程是学习过程的必由之路。

在图3.3中，人工培养的神经通路照片显示了在大脑中进行信息编码的过程。大脑可以按照自己的意愿改变编码过程——这种能力称之为"可塑性"。大脑的可塑性意味着大脑可以不断改变自己——吸收新信息，以及在<u>丛林般的神经通路</u>中建立附加的连接。

想象一下，在你灰色的大脑组织中，八分之一立方英寸的体积就有 300000 个神经元和 39360 英尺的"连线"！当大脑为弄清其遇到的事物而收集相关信息时，这种复杂性确保了大脑的功效和适应性。

（资料来源：Q－L Ying & A. Smith Wellcome Photo Library）

**图 3.3　放大的神经网络**

尽管我们都很清楚我们存储在大脑中的那些可以脱口而出的知识——事实、信仰和观点，不过，我们并不知道程序性知识，因为它们是内在而不可见地积累的，这可是我们的福气！想象一下，如果每次我们想走过一个房间都必须想着走路的每一个环节，我们会走得多么缓慢又多么笨拙啊！

- 第一步：保持身体平衡。
- 第二步：指挥肌肉收缩，之后抬脚。
- 第三步：保持身体平衡。
- 第四步：抬脚。

- 第五步：保持身体平衡。
- 第六步：指挥肌肉收缩，之后屈膝，等等。

相反，人类的大脑会内在地调用专为走路而建立起的神经网络，而这些神经网络会自动地、在我们无意识的情况下为我们着想，会自行吸收有用的知识，并学会运动的方式。

## 大脑的运作程序：执行功能

当大脑内在地统筹完成某些复杂功能所需的信息，以及构建指导完成新程序所需的神经网络的时候，是什么让我们的大脑能协调、整合以及控制很多神经网络呢？是的，是执行功能承担着这项重要的任务。我们来看看下面的例子——一个婴儿建立支配坐起来动作的神经网络的建立过程。对完成这一动作所需的运动能力和平衡能力的把握成为一个程序性知识，或者称之为"过程知识"，并存储在大脑里。以后，当婴儿想找到坐起来的方法时，大脑会内在地寻找任何可能有助于完成这一复杂、综合性过程的程序性知识。当婴儿想坐起来时，存储在大脑中的如何完成坐起来动作过程的知识就可能被婴儿取用。以这种方式，婴儿已经构建完成的神经网络会有助于指导完成其他动作的神经网络的构建。

在大脑中进行的这种整合和协调的过程被人们比作"交响乐"，神经元的执行功能担任乐队指挥，而神经网络就是乐队的演奏家。在大脑中，这种神经网络的整合和协调过程在大脑中的电流和化学反应会逐渐增强，而这种渐强的反应几乎可以让我们同步完成试图完成的任何动作，比如，走路、谈话、跳舞以及任何我们学会的其他数千种动作，当然也包括阅读。

我们的大脑之所以能够引导我们完成不同的动作和过程，是因为我们可以取用和整合存储在大脑中的那些来自以前经验的信息。

比如，一个蹒跚学步的幼儿第一次走过放在地板中间的玩具时会摔倒，几次在不同的玩具上摔倒以后，他会找到自己摔倒的原因，并发现可以避免自己不断摔倒的跨过玩具或者绕过玩具的更有效方法，这种方法会成为新知识储存在大脑里，当他内在地取用和整合这些信息的时候，他就能避免再让自己摔倒在玩具上了。最终，这个蹒跚学步的小家伙会自动地跨过或者绕过挡住自己去路的东西，因为他的大脑很清楚，要避免摔倒，就得这么做。这个孩子并没有有意识地多想什么，他只是那么做了。

2003 年，神经学家 S. B. 拉夫林（S. B. Laughlin）和 T. J. 谢诺夫斯基（T. J. Sejnowski）谈到："我们对大脑结构和功能的了解越多，越能认识到其结构的精妙和其运作的高效。神经元、神经通路以及神经编码节省了大量空间、组织、时间和能量。"因此，大脑天生就是运作高效的器官。只要不向大脑提供错误的信息，只要不以错误的目标误导大脑，它总能自行发现解决问题的最有效方法，而且总能弃绝那些无效的方法。

## 获得出色表现的大脑程序

一位演讲者演讲水平的高低，一位鼓手演奏水平的高低，或者一位滑冰运动员表演水平的高低，都取决于他们构建的用以指导各自行为的神经通路的质量优劣，取决于大脑执行功能的效能。绝大多数人都能说话，但是，能像诗人梅亚·安杰洛（Maya Angelou）的演讲那么富有感染力、声音那么圆润洪亮的人则很少（美国著名黑人女诗人及作家，著有《现在喜巴唱着歌》，曾在克林顿就任总统的大典上朗诵就职诗。——译者注）。她深沉的声音，为表达特定意蕴而在恰当词汇和语句上使用的意味深长的抑扬顿挫，以及充满情感的清晰诵读，达到了出神入化的境界，而这些表现都是由其大脑构建的专门用来指导出色诵读诗歌的神经通路来完成的。

大部分人都能用个棍子敲击桌面，但是，很少有人拥有巴迪·瑞奇（Buddy Rich）演奏爵士鼓的天才和技巧（巴迪·瑞奇，1917—1987，著名鼓手，能细腻地表现自己对音乐的理解，曾参加过许多摇摆舞时代的著名乐队，也是最有爵士味的音乐家。——译者注）。他对肌肉细腻的掌控，能让他将别人以为不过只是或重或轻的敲击演化成令人愉悦的有节奏音乐。那么，他是如何为我们呈现出这么优雅的音乐的呢？是的，他是通过构建专为娴熟使用鼓槌和各种鼓的神经通路来抵达那种境界的。

很多人都会滑冰，但是，世界上只有一个关颖珊（美国华裔选手，著名女子花样滑冰运动员。1996 年关颖珊在 15 岁时就夺得了第一个全美冠军和世界冠军，此前她还是 1994 年世界青年锦标赛冠军。关颖珊曾夺得 4 次世界冠军、5 次全美冠军和 1 次奥运亚军。——译者注）。关颖珊凭借刻苦的训练而成为历史上最伟大的花样滑冰运动员之一。那么，她又是如何取得如此显赫的成就的呢？你猜对了，就是通过构建专为指导出色滑冰动作的神经通路。

梅亚·安杰洛、巴迪·瑞奇和关颖珊都通过艰苦的训练、决心以及构建专为指导优异表现的神经通路，创造性地取得了非凡的成功。他们中的每个人都通过同样的途径——独立找到完成复杂动作和程序的方法——成为各自领域内的大师。任何表现卓越的人之所以取得非凡成功，是因为他或她都完满地完成了这一神经通路的构建过程。我们都需要自行构建这样的神经通路，都需要自行完善直接关乎我们表现的神经功能。

我们人类的大脑是承担记忆功能和进行生理信息沟通的奇迹，它能从存储信息的地方即时调用海量信息。人们只有通过构建神经通路——专为有效而且是高效地整合和协调各种信息的神经通路，才能卓越表现出各种能力（参见图 3.4）。

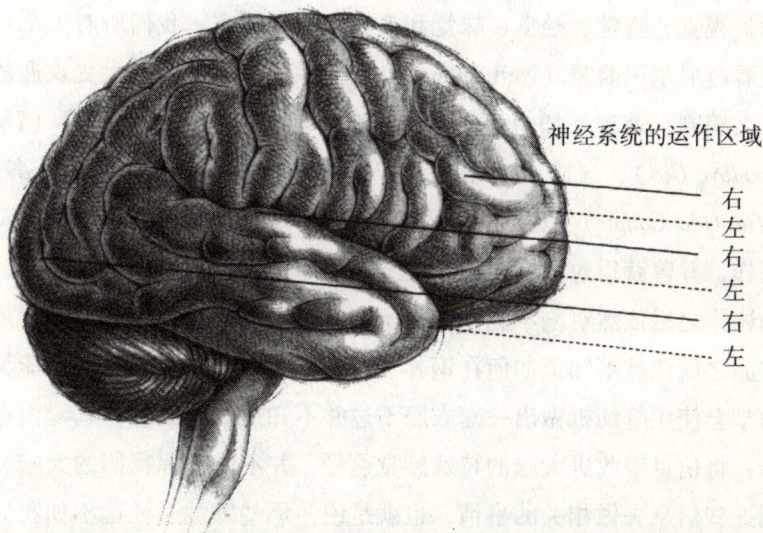

神经系统的运作区域

右
左
右
左
右
左

研究发现，人们在阅读时，大脑的两侧、前部、中部和后部都会产生神经系统的反应，这意味着顺畅阅读是一个复杂的过程，需要同时整合发生在大脑不同区域的神经性反应。

（图片来源：Kate Sweeney Medical Illustrations）

**图 3.4　顺畅阅读时，神经系统会在大脑的多个区域运作**

## 与人们普遍信奉的观念相反，事实上，我们所有人的学习过程都是一样的

在教育领域，一个广为接受的假设是：人们学习的方式各异，所以，有些在其他方面表现得很聪明也很有能力的学生在课堂学习中表现欠佳，其原因就在于学生的学习方式与受到的指导（包括老师的"教学风格"）的"错配"。人们认为，学习的基本方式是通过倾听（听觉）、观看（视觉）和触摸（肌肉运动知觉）。人们认为，如果一个偏好通过听觉来学习的学生必须过度依靠视觉过程来学习，那么，他就可能出现学习障碍，而一个倚重视觉来学习的学生则会在手把手的教学环境中受挫，等等。

但是，事实上，我们所有人都是以同样的方式获取信息的——

通过视觉、听觉、触觉、味觉和嗅觉等感觉器官。我们所有人都可能看过尼尔·西蒙（Neil Simon）［在好莱坞和百老汇都大受欢迎的著名编剧，著有《加州套房》（*California Suite*）、《再见女郎》（*The Goodbye Girl*）、《阳光小子》（*The Sunshine Boys*）、《单身公寓》（*The Odd Couple*）以及《青涩恋情》（*The Heartbreak Kid*）等多部剧作，并曾获得过奥斯卡奖、金球奖和英国学院奖。——译者注］的剧作之后依然对剧本创作一无所知，都可能倾听过莫扎特的音乐作品之后依然不知道如何在钢琴上演奏出一段古典音乐，都可能努力学会使用缝纫机做出一套衣服不过并不知道如何裁剪。其缘由在于：将信息吸收进大脑的特殊感觉途径，并不能指挥我们的大脑利用这些信息去做相关的事情，也就是说，那些感觉途径远不如我们的大脑利用这些信息去做相关的事情那么重要。

以互动构建者的学习观看来，一个人的学习风格并不是他居于主导地位的学习方法。相反，他的风格只是自己的偏好。比如，如果我喜欢吃咸食，而你更喜欢甜食，虽然我们都对感觉到的味觉信息做出反应，不过，我们的偏好却是不同的。同样，如果你更偏好通过视觉材料来学习，而我则更喜欢通过听觉信息来学习，那么，如果我们能各取所需、各得其所，我们两人都会觉得很开心。然而，如果我们偏好的学习方式没能得到满足就会造成无法有效学习的观点，则与事实相背离，事实是：大脑为发挥其效能，会利用任何可资利用的感觉系统，只要这些感觉系统能对最有效地获取信息是有用的和必要的。最近的研究确实没能为某种特定的学习方式在学习过程中扮演角色的重要性提供有说服力的证据。

以互动构建者的学习观看来，大脑从根本上是以相同的方式学会某些过程的，也就是说，都是通过预测一个过程如何完成、进行尝试、分析尝试的结果、做出调整并持续进行尝试这样的循环过程来学习的，直到成功完成某个过程。无论任何人，其大脑都是以相同的方式来构建指导完成某些过程的神经网络的。

这种所有人的大脑从根本上都是以相同的方式来完成其主要活

动——也就是学习的过程——的观念并不应该让我们感到意外。事实上，其他身体器官也都是以相同的方式来完成自己的主要活动的（那些有先天性生理缺陷的人除外）。所有人的心脏从根本上说都是以相同的方式为身体"泵"血的，所有人的肺脏从本质上都是以相同的方式吸收氧气的，所有人的消化系统从根本上说也都是以相同的方式来消化食物的（无论消化咸食还是甜食），同时，所有人的大脑——用以感知世界的神奇器官——从本质上说也都是以相同的方式构建神经通路和学习的。如果说我们所有的身体器官从根本上说都是以相同的方式来运作的，那么，大脑的运作方式怎么可能是例外的呢？

## 轻松而有效地完成某个过程

"专才"是指那些拥有无与伦比的技巧、能超乎寻常地完成某些行为和过程的人。在患有中度和重度脑功能障碍的人中，偶尔也会有人成为专才。互动构建者的学习观这样解释这种现象：这些人的大脑完全沉迷于某个特定的活动或者技巧，并全神贯注于这些技巧的学习，从而发现了极为轻松地表现这些技巧的方法。

同样，自己学会阅读的孩子也是"专才"。他们自行学会了非常轻松而有效阅读的方法，而这种能力则可以让他们受用终身。这种轻松而高效阅读的能力之所以能伴其一生，原因只有一个：他们的大脑恰当地完成了顺畅阅读的过程。他们的大脑已经不再需要调整那些指导顺畅阅读的神经网络了，因为那些神经网络已经为他们带来了渴望得到的结果——那就是出色的阅读。

从这些小小年龄便成为阅读专才的人以及那些自行学会轻松而高效地完成其他过程的人身上，我们可以得到更多启示。所有表现出色的人都是以同样的方式来完成那些过程的，他们都构建出了专为指导出色完成某些程序的神经通路，就这么简单。就像所有的学习者一样，他们都将某些相关的信息编码存入了大脑中，存储的形式就是神经网络，而当他们需要完成某些程序的时候，他们能随时激活那些信息。但是，到底是什么东西能让他们构建出这种高效运作的神经通路的呢？

要想构建出专为指导出色完成某些过程的神经通路，需要三个必备条件：

1. 建立出色完成某个过程需要哪些步骤的概念。
2. 保持出色完成这个过程的强烈愿望。
3. 利用一个重复进行的内在循环过程，用于预测或者预见要想成功完成这一过程必须做些什么。

出色表现的理念、强烈的愿望以及对预测方式——找到如何才能表现优异的方式——的使用，一直是顶级运动员和艺术家使用的工具。因为怀有强烈的愿望，他们从而建立起了表现优异的标准（比如，在网球中的"发球得分"，在高尔夫球中的"恰好将球打到球道中间"），他们不会轻言放弃，直到达到优异的标准。他们是怎么做的呢？他们会使用预测的策略，每次进行新尝试的时候，都用这种策略进行精妙的内在调整，从而让自己每次的表现都有改进，直到最终取得成功。当他们的大脑寻找如何发球得分以及如何将球恰好打到球道中间的方法时，他们会通过改变现有的神经通路或者构建用于指导未来表现的全新神经通路的方式，将相关信息编码存入大脑中。这就是所有人学会优异表现的方式。

如果用公式表示，应该如下表现：

**出色表现的模式**

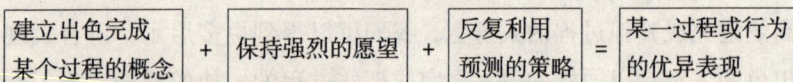

| 建立出色完成某个过程的概念 | + | 保持强烈的愿望 | + | 反复利用预测的策略 | = | 某一过程或行为的优异表现 |

出色的阅读者也利用同样的三个必备条件来寻找出色阅读的方

法。用公式表示，这个过程应该如下展开：

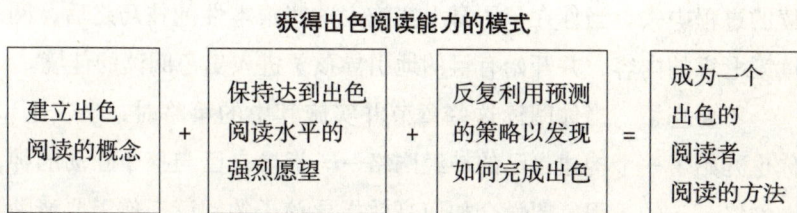

**获得出色阅读能力的模式**

| 建立出色阅读的概念 | + | 保持达到出色阅读水平的强烈愿望 | + | 反复利用预测的策略以发现如何完成出色 | = | 成为一个出色的阅读者阅读的方法 |
|---|---|---|---|---|---|---|

在本书的第一章中，我们曾介绍过学者德洛丽丝·德尔金在研究小小年龄便自行学会阅读的孩子们时发现的现象，还记得吗？她发现，这些孩子具有以下共同特点：

1. 他们的父母都经常给他们读书，这是一个帮助孩子们建立出色阅读适当概念的行为。
2. 他们都想自己找到阅读的方法。
3. 他们都让别人一遍又一遍地给他们读同样的书，以增强预测文章内容的能力。
4. 当他们阅读图书，包括阅读字母图书的时候，他们都会提出很多问题和要求。

找到完成任何过程和任何程序的唯一方法就是内在地进行试验。因此，我们完全可以假设，当这些孩子试图自行找到如何阅读的方法时，就是在利用预测的方式自行进行内在的试验。他们提出的大量问题和要求具有一个潜意识层面的目的——完成阅读。

德洛丽丝·德尔金研究的低龄阅读者自行学会阅读的过程，清楚反映在成为一个出色阅读者的公式中。

本书第二部的第四章到第六章，为你提出了很多建议和指导，以确保你的孩子能建立起出色阅读的正确概念，能让他们保持成为出色阅读者的强烈愿望，同时，确保他们有机会在适宜的环境中，利用重复性的预测方式，找到完成阅读这一复杂内在过程的方法。建议你仔细阅读这些章节，之后，立刻开始将其应用到指导孩子阅读的过程中去。当你在孩子身上实施完这些根本性的技巧之后，阅读第七章的内容，并开始有目的地引导孩子进入出色阅读的佳境。

不要忘了，当你阅读这些章节并实施其中的策略时，事实上，你也开始了一个构建自己的神经网络——指导自己与孩子互动的神经网络——的过程。要学会如何高效指导孩子的阅读，你需要清楚了解每种技巧，需要尝试实施那些技巧，需要评估自己的表现，需要调整策略，需要再次尝试，需要不断进行这个循环过程，直到你能出色指导为止。因为我们所有的人从根本上说都是以同样的方式来学习的！

## 成功故事：一个患有唐氏综合征的孩子

下面这个令人惊奇的故事表明了大脑可以彻底改变用以指导完成某个过程的神经通路这一全新观点的权威性。

乔丹·纳尔患有唐氏综合征（Down Syndrome）（唐氏综合征：由于多出一个染色体引起的一种先天疾病，患者有轻度至中度智障，身体矮小，脸扁平。——译者注），曾长期接受特殊教育，放学后总要补课。乔丹·纳尔三岁的时候，开始上专为发育障碍学生开设的学前班，之后，又上了一回幼儿园。在上二年级和六年级期间，乔丹·纳尔参加了阅读和数学补习班，补习课程包括每周五天、每天四十分钟连续进行的高强度阅读训练，训练使用的阅读教学方法被认为是在学习过程中激发多种感觉（视觉、听觉和触觉）的优秀课程。六年级即将结束的时候，乔丹·纳尔只能费力地阅读那些一年级后期课程和二年级开始课程水平的阅读材料。上十一年级的时候，经测验，乔丹·纳尔的阅读水平依然只相当于一年级后期和二年级开始时的水平，此外，他还有严重的口吃。

　　乔丹·纳尔的母亲保拉从儿子同学那儿听说了"正确阅读"教学法，决定也让儿子参加培训。入学前，乔丹·纳尔拒绝参加几乎所有的娱乐性和实用性的阅读活动。"正确阅读"课程聘用的教师为乔丹·纳尔进行了测验，并让乔丹·纳尔从阅读一年级水平的图书开始。那一年，乔丹·纳尔的指导老师注意到，乔丹·纳尔在朗读时，口吃的问题逐渐得到了缓解，这个进程虽然缓慢，不过确实是在进步，同时，阅读的效率也得到了显著提升。

　　参加"正确阅读"课程两年以后，乔丹·纳尔已经可以轻松阅读四年级和五年级水平的图书了，同时，继续进行五年级和六年级阅读水平的培训课程。除了"正确阅读"课程以外，乔丹·纳尔的指导老师并没有教其他的东西，2003 年 10 月，乔丹·纳尔的指导老师提交了下面这样一份报告：

　　因为乔丹·纳尔同时也有说话障碍，所以，我们看到了他在阅读之外的方面所取得的进步。他的词汇量不断增加，与人交流的能力也在不断加强。回答家人问题的时候，他可以使用更长的句子了。当他试图与人交流的时候，从不轻言放弃。比如，他曾给自己的母亲朗读一个关于鲸鱼的故事，他读到"鲸鱼"这个词时，他母亲说不明白他读的是什么，这时候，乔丹·纳尔会解释故事的内容，让自己的母亲明白自己对鲸鱼的叙述。乔丹·纳尔还学会了如何将自己周边环境中的事物与故事中的事物联系起来。他学会了将书中的词汇和概念与自己生活的世界联系起来。这让他受益匪浅，因为这种联系有助于他的阅读，同时还有助于他了解自己生活中的事物。因为他可以看到并运用自己读到的东西——比如，计算机、哥伦布、太空以及海洋等。所以，现在，乔丹·纳尔对探究基于事实和科学的东西的兴趣越发强烈了。

　　此后不久，乔丹·纳尔的指导老师告诉我们，尽管在参加培训的最后两年，乔丹·纳尔并没有接受任何书写培训，不过，除了阅读能力以外，乔丹·纳尔的书写水平也获得了长足的进步。

　　乔丹·纳尔的经历是一个令人难忘的成功故事。他的书写水平和说话技巧得到了显著改善也有其原因，因为在寻找完成顺畅阅读这一复杂过程的方法时，乔丹·纳尔的大脑在不断学习预测和试验的过程，与此同时，他的大脑也在内在地寻找如何利用预测和试验的方式来完成其他复杂过程——比如，书写和说话的过程。在参加"正确阅读"培训前，乔丹·纳尔的大脑没能将对预测和试验方法的利用与提升表现能力的行为协调起来，而现在，他开始更自觉地使用这些非常重要的大脑功能了。

第二部

# 引导孩子成为出色的阅读者

# Read Right!

还记得我们在引言部分谈到的那个盲人摸象的故事吗？那几个盲人之所以不知道大象到底是什么样子，是因为他们每个人都只"看到"了这种庞大动物的一部分。要想更精确地描述大象到底什么样，他们需要将各自的"观察"所得整合起来。阅读也是一样。要想培养出真正出色的阅读能力，低龄阅读者必须调用和整合自己头脑中存储的所有相关知识，惟其如此，才能为作者试图传达的含义赋予生命力和意义。他们必须在找到调用记忆中相关知识的方法的同时，以一种可以弄清阅读材料含义的方式，发现安排、控制和整合信息的方法。

阅读的过程是在大脑中进行的多种潜意识活动的综合体，而这一综合过程是否能完成，取决于一系列基本概念，比如，书籍是讲故事的；书籍是有意义的；书籍有正反面；正常阅读时，翻页是从右到左，而不是从左到右；书籍可以带来温暖、失真的感觉。因此，一个孩子可以在一岁之前就找到阅读的方法！你不需要精确地了解什么时候一个孩子的年龄已经"足够成熟"到可以阅读了，不需要为实施指导他们阅读的各种方法做什么准备，你需要做的只是创造一个环境——让孩子有机会将罗列在第四章到第六章的行为付诸实施的环境。你的孩子自己会向你表明，他或她是否已经做好了尝试那些行为的准备。换句话说，对接下来的章节谈到的技巧而言，并没有尝试它们的固定年龄。你应该不断试验，并跟随孩子行为的引导，无论他或她是一岁、两岁、三岁还是更大。永远也不要认为你的孩子还太小，还不能尝试那些活动。给他们一个尝试的机会，如果他们毫无反应，你再终止也不迟。

应用引导孩子阅读的技巧时，你应该有些灵活性，而且要与他们互动。他们并不会按部就班地跟随你的指导，他们做不到这点，因为他们要自行把握发现阅读之道的进程。你需要弄清应用这些技巧的目的，之后，当你和孩子互动的时候，要留意孩子对那些技巧的反应，并跟随他们的反应互动下去。

# 第四章

# 第一个必备条件：出色的概念

沃尔特·迪斯尼很清楚也很善用人类的想象力。建设第一个"神奇王国"就是他的主意，在这个神奇王国里，故事书中的场景和人物活灵活现地出现在了人们面前。迪斯尼先生的第一个神奇王国并不是用木材、塑料、钢铁、水泥以及计算机等材料和手段将主题公园建成一个带给人愉快互动体验的地方，第一个神奇王国——其后的每一个主题公园也一样——都发端于迪斯尼先生的一个创想，一个会让所有年龄的人都能将儿时听过的故事和儿时的幻想与其联系起来的创想。迪斯尼世界就是这些创想变成的现实。如果游客喜欢迪斯尼世界举行的大游行创想，那么，他们通常也会喜欢那种体验。

阅读与迪斯尼先生的神奇王国有异曲同工之妙：都是为了让幻想更生动、更令人愉悦，同时需要大量的设计和协调的活动。迪斯尼先生的神奇王国之所以成为数百万人每年趋之若鹜的地方，是因为那里的表演水平如此之高，以至于让游客体验到了一种近乎完美的幻想中的境界。从栩栩如生的大游行，到员工富有戏剧性的"卸装"，所有的环节都与提供高标准表演的目标融为一体。游客知道的只是结果：幻境般的迪斯尼世界为自己呈现了几个小时不间断的娱乐节目。

同样，出色阅读者最终知道的也只是出色的结果。他们知道，自己的阅读行为必须是有意义的，必须让自己感觉很舒服，阅读的过程必须像与人交谈一样。出色阅读者并不知道他们怎么让阅读成为一个连续的过程的。如果让出色阅读的过程得以完成的无数行为上升到有意识的层面，那么，那种情形就像游历迪斯尼世界时，一个人能轻易地看到所有的电线、脚手架、铁栏杆、泡沫材料以及尚未化妆的演员一样——也就是看到游历迪斯尼世界的愉悦体验以外的东西。在那样一个所有的运作机制都完全暴露无遗的地方，对任何来到迪斯尼世界的游客来说，都很难将令人不快的信息与感受不间断的表演所带来的美好体验割裂开来。

同样，随时注意有效和高效阅读过程中大脑运作的所有机制，也会让阅读者与阅读的内容割裂开来。因此，要想让阅读成为一个完全顺畅的过程，有必要让阅读者"无视"大脑运作的潜在过程，同时，让其大脑的注意力集中于作者试图传达的信息。

## 出色阅读的定义

那么，到底什么是出色阅读呢？如果说出色阅读的过程是在潜意识层面发生的，那么，阅读者如何知道自己的阅读是不是出色阅读呢？下面，让我们一起来仔细看一看出色阅读的三个重要特征：

1. **出色阅读能知晓阅读材料的含义**。出色阅读者专注于作者试图传递的含义（或者其中的信息），而不是去留意阅读过程的机制。他们始终清楚自己正在阅读的材料的意思，如果不能，他们会意识到，自己之所以没弄清阅读材料的含义，是因为缺乏关键的信息。
2. **出色阅读的过程是舒服惬意的**。出色阅读者可以毫不费力地体验阅读过程。他们不会将注意力集中于阅读过程的任何机制，而是忙于解读作者传达的信息，就像作者本人正在给他们朗读某个故事或者给他们解释某个概念一样。
3. **如果出色阅读者将其阅读的内容朗读出来，听者会觉得很自然**。当出色阅读者将自己阅读的内容朗读出来时，人们会听到，他们的阅读方式准确传达出了作者试图传递的思想和声音。听他们将阅读的内容朗读出来，听起来就像谈话一样自然和顺畅。

当孩子们从潜意识层面知道，要想出色阅读，必须做到以上三点时，他们会自行建立起一个适当的标准，依据这个标准，他们能判断出自己阅读尝试的成败。那么，你的孩子必须达到什么年龄才能自己创造并应用这样的标准呢？在很大程度上，他们建立并使用这种标准的年龄取决于他们运用语言的能力，以及他们何时产生找到阅读之道的内在愿望（无论是运用语言的能力，还是找到阅读方法的愿望，在孩子们中间的差异都很大）。一旦建立起了自己的标准，你的孩子就掌握了一个重要工具——让自己的大脑负责寻找完成出色阅读这一复杂过程的工具。

一个不能在潜意识层面找到出色阅读所需环节的孩子就不能建立起这样的标准，也就不能出色地阅读，从而，孩子就会不知不觉地使大脑错误地实施阅读过程。这就是出色阅读者和有阅读障碍阅读者之间至关重要的分界线。在阅读能力培养过程中，一个即将成为出色阅读者的孩子最终会取得这样的成果——通过舒服自在的阅读，清楚而完美地了解了阅读内容的含义。为了达到这样的目的，孩子们会逐渐构建起专为获得出色阅读能力的神经通路。

## 帮助孩子建立出色阅读概念的技巧

你的孩子完全能自行建立起非常重要的、用以衡量阅读是否出色的标准。令人惊异的是，孩子常常通过阅读之外的活动来获取建立这种标准的能力。下面这些有趣同时也深具意义的技巧，有助于你帮助孩子形成出色阅读以及出色完成其他活动的适当概念。

### 技巧 1：鼓励追求出色表现的良好习惯

你的家就是孩子第一个也是最重要的"教室"。你为自己的儿子或者女儿创造的环境，对帮助孩子建立出色阅读的适当概念来说是必不可少的，对出色完成其他任务而言也一样。不过，我们并不是从为阅读这种复杂的过程创造环境开始的，而是从你孩子的能力可以从中很快得到方便观察的活动开始。下面的例子谈到的活动主要是摆放餐具，这是一种非常清楚的非阅读活动。当你鼓励孩子养成追求完美的良好习惯时，从这个例子中得到的启示，可以轻易转移到指导孩子做其他活动的过程中去。在家里建立起对出色表现的期望，将有助于你的孩子在做其他活动和完成其他的过程时追求完美，比如，打扫卧室以及折叠洗好的衣服等。

**建立起出色摆放餐具的概念。**孩子需要别人为自己做出表率。你可以通过每次餐前以相同方式摆放餐具的习惯来开始这项活动。在这个例子中，我们谈到的是在美国通行的餐具摆放方式：将一个盘子摆在餐桌正对椅子的地方，将叉子摆在盘子的左边，餐刀摆在盘子的右边（刀刃面向盘子），勺子摆放在餐刀的右侧。不过，当你在家里为正餐摆放餐具的时候，要确保每次摆放的方式要相同。

拿出盘子、餐刀、叉子和勺子，鼓励你的孩子——这里，我们以你女儿为例来说明——按照你以前的方式来摆放。

如果她摆放餐具的方式很随意，看起来很不整齐，将餐刀、叉子和勺子胡乱摆放在了盘子的同一侧，你可以说："谢谢帮我摆放餐具。如果这样摆放餐具，你觉得看起来是不是更好些呢？"

不要描述餐具应该如何整齐地摆放在每张椅子前面，你要为她示范餐具应该如何摆放。这时候，不要为贵重的餐具担心，要给孩子一个建立出色摆放餐具概念的机会。

如果你的孩子说你摆放得并不怎么样，不要对她的评论提出异议，同时，你可以就此停止了，这说明她还不想学这一课，但是，她真切地听到了这样的信息：自己摆放餐具的工作做得并不出色。在一个亲切友善的环境中，对她而言，这是重要的一课。下次她摆放餐具的时候，或许，她就会遵从你的建议并给你一个惊喜的。

如果你的孩子说你的摆放方式看起来确实好了许多，并要重新摆正所有的餐具，这时候，你需要默默地观察，这次她是否做得更好了。

如果她摆放得并不很好，你可以说："看起来好多了。我注意到，你摆放的一套餐具和我摆放得一样。你知道是哪个吗？"如果她找不出来，你可以告诉她。你的目的是要不断让她注意到出色的摆放到底是什么样的。不要想让她把所有的餐具都摆放得很完美，你要清楚自己的目的。

一旦她将大部分餐具摆放得都近乎完美，你就需要改变你的反馈形式了。

你可以说："我看到其中的一套餐具摆放得还不太好，你知道是哪个吗？"如果你的孩子找不出来，你可以指给她看，并简短地说明，为什么那个餐具摆放得还不够好。

随着时间的推移，你的孩子会发现摆放得不够好的餐具，并能逐渐将所有的餐具都摆放好的。这时候，你可以说："哇！看呐！看起来真是好极了！你把餐具摆放得真是太好了！"

这种互动最重要的作用是：

- 你为孩子找到如何正确摆放餐具的方法提供了一个良好的环境。
- 通过让孩子注意她哪些方面做得很出色，哪些方面还有待改进，你为孩子提供了正确摆放餐具的精确概念。你的反馈是即时的、准确的，同时也是友善的。请注意，要等到她将全部工作都出色完成以后，再给孩子以总体表扬。（"哇！看呐！看起来真是好极了！"）

你可以通过某些方式，给孩子出色的工作以适当的鼓励。比如：

- 如果她将一套餐具摆放得很好，你可以说："这套餐具摆放得太好了，今天晚上，你为什么不选一个坐在这儿的人呢？"
- 如果她将所有的餐具摆放得都很好，当家庭的其他成员或者客人入座的时候，你可以说："看看我们的女儿把餐具摆放得多好啊！这都是她一个人干的。"

你要注意你们的关注点是如何集中于达到出色表现的标准的。切记，你的反馈要真实和真诚。

- 如果她没将任何一套餐具摆放整齐，你可以说："感谢你把餐具摆放到了桌子上。你愿意把它们摆放得像这套这么整齐吗？"
- 之后，为孩子示范如何重新摆放。如果她不想做，不要强迫她。你需要让这个活动成为她的一次正面体验，这样，其他时间她就会愿意再做一次尝试了。

当你觉得孩子已经准备好了的时候，你可以问她是不是想学习如何摆放餐具。

- 如果她说"不"，那就说明她还没做好学习的准备。很重要的一点是：不要强迫孩子做这类活动。如果她对摆放餐具（或者其他你可以应用这些技巧的活动）产生了负面情绪，她就可能彻底放弃学习！让她告诉你什么时候已经准备好了，但是，不要忘了，你要同时为她不断提供帮你摆放餐具的机会。
- 如果她确实想学习如何摆放餐具，你就需要做出一个决定了。你是想为她一次示范如何摆放餐刀、叉子和勺子等全套餐具呢，还是每次只教她摆放一两种餐具？

无论用哪种方式,你都可以通过编故事的方式让摆放餐具的活动既有趣又有意义。比如:

- 你可以说:"叉子是妈妈,妈妈要待在盘子的这边,因为她正在厨房忙着做晚饭。"为了给孩子示范,你可以将叉子摆放在盘子左边的适当位置。
- 之后,你可以说:"现在,当妈妈正在准备晚饭的时候,你和爸爸(或者爷爷、另一位亲属或者一个朋友)要走到盘子的另一边。"同样,你可以给孩子示范,让餐刀和勺子一起滑稽地"走到"盘子右边的适当位置。当你示范的时候,可以说:"告诉我,哪个是爸爸呢?是餐刀呢,还是勺子?"
- 当她选择其中之一代表爸爸的时候,你可以说:"好的,爸爸要来这儿。"之后,将孩子选择的代表爸爸的餐刀或勺子摆放到盘子右边的适当位置。
- 之后,你可以说:"哪一个是你呢?"然后,将其他的餐具摆放在适当的位置。
- 随后,你可以说:"你觉得自己能将餐刀、叉子和勺子摆放在盘子边合适的位置吗?"

如果你的孩子说可以,就让她试试。如果她说不能,你可以说:"你想让我帮你吗?"

接下来,你要跟随孩子的意愿。如果她说她不想做,不要强迫她,可以另找一天来做这个活动。如果她要你帮她,你可以给她示范如何摆放,当你为她做示范的时候,可以重新讲那个"妈妈、爸爸和你"的故事,以帮助她记住餐具应该摆放的位置。总之,要让这种活动充满乐趣!

这个互动活动最重要的作用是:

- 你为孩子提供了一个亲切友善的环境，在这个环境中，她可以找到正确摆放盘子和餐具的方法。
- 你以积极的方式让孩子建立起了出色表现的标准。
- 通过创造一种便于她记忆餐刀、叉子和勺子正确摆放位置——达到出色表现的标准——的方法，让她与这种活动产生了互动。

一旦你的孩子知道了如何出色摆放餐具，你可以先不看她摆放的结果就以一种随意而友好的口气问她，她刚才的摆放是很出色呢，还是很一般。之后，等她不在身边的时候，你自己去看看孩子说的是不是属实。如果她将餐具摆放得确实很好，你就不需要再说什么了。如果她摆放得并不很好，你可以将她叫到餐桌旁。

- 你可以对她说："你说自己摆放得只是一般般，我在想，你为什么会那么认为呢？在我看来，你摆放得好极了。"
- 或者对她说："你说自己摆放得非常好，不过，我恐怕不能同意。你知道我为什么不同意吗？"

如果她不知道你为什么不同意，告诉她你的理由，告诉她，根据你的判断，她摆放得还不够好。这么做的目的，是要确保你的孩子很清楚自己的表现是不是真的很出色。你的孩子需要自行取得进步，如果她要依靠你来告诉她，自己的表现是否出色，则会削弱她的学习效能。她必须知道自己的表现是否出色。

**将出色表现的标准应用到任何活动中去。**以类似的方式，可以为几乎所有的活动建立起一套出色表现的恰当标准，从折叠洗净的衣服、清扫卧室，到诸如系鞋带等更为复杂的活动。做那些非阅读类的活动时，要有创造性，总之，不要忘了，帮助你的孩子建立起出色表现适当标准的关键在于：

- 示范出色的表现。
- 鼓励她达到已经建立起来的标准。
- 检查她完成的状况，以便让她清楚地知道，自己何时的表现是出色的，何时的表现尚存在欠缺。
- 在一个友好而有趣的环境中，为她提供与所进行的活动产生互动的机会。

## 技巧 2：客观评估你自己的阅读能力

正如我们在餐具摆放活动中看到的，为孩子示范什么样的表现才是真正出色的表现，对帮助孩子学会在任何活动中都建立起出色表现的适当标准具有关键作用。所以，为了成功培养孩子的阅读能力，你需要知道，自己是不是一个真正的出色阅读者，只有这样，你才能清楚，自己是不是为孩子树立了一个出色阅读者的榜样。为此，你需要些客观的自我评价。

如果你能流畅地朗读，你的朗读听起来就像对话那么顺畅，那么，你就是一个出色的阅读者。如果在朗读阅读内容时常常停顿，听起来不那么自然，阅读时需要使用译解或者识认词汇的方法，在阅读的时候不能完全放松，或者阅读的速度很慢而且效率很低，那么，你很可能就有某种程度的阅读障碍——可能只是轻微的障碍，也可能较为严重。如果你在阅读的时候出现了上述问题，你应该读些容易些的书籍。比如，如果你在朗读 E. B. 怀特（E. B. White）[美国著名的散文家、儿童文学作家。著有《精灵鼠小弟》（*Stuart Little*）、《吹小号的天鹅》（*The Trumpet of the Swan*）以及《夏洛的网》等。——译者注] 的《夏洛的网》（*Charlotte's Web*）（Harper-Trophy 出版社 1974 年版）（故事讲述多愁善感的小猪威尔伯被卖到新农场后，因失去旧朋友而感到哀伤，后来得悉自己将来会成为人类的盘中餐而感到绝望，幸而最后得到善良的蜘蛛夏洛的开解并想出了绝妙的计谋，终于脱离了被屠宰的厄运。——译者注）时遇到了很多问题，那么，你就应该读些有更多图片、文字更少些的简单书籍。这一问题我们在本章稍后的部分还要详细讨论。

承认自己有阅读障碍，哪怕只是微不足道的阅读障碍，确实是件痛苦的事，不过，也是必要的事情。作为孩子出色阅读者的表率，你表现出的阅读能力对孩子——你要培养的阅读者——从潜意识层面建立起出色阅读的概念具有潜在影响，此外，正如我们在前面讨论过的，建立起一个出色阅读的绝对标准对阅读能力的培养是必不可少的。

### 技巧 3：客观而诚恳地评价孩子在任何活动中的表现

到现在，你已经客观评估完了自己的阅读能力，接下来，你需要考虑的是：如果你不愿意客观评价孩子的表现，你就有可能为孩子的学习过程制造障碍。我父亲对我的评价就是一个经典例证。

我十六岁的时候，我父亲教我开车。我确信自己的学习很对路，因为每天我们结束当天的驾驶课时，他总是表扬我说，我学得好极了。我肯定地以为，我已经为取得驾驶执照做好了充分准备，所以，我约了参加考试的时间。第一次我就通过了书面考试，但在实际驾驶考试中却一败涂地。我考试失败以后，真相也随之水落石出。我父母私下里都希望我考试失败，因为他们两人都认为，我会成为"公路杀手"！我想，我很清楚如何驾驶，而且为通过考试所做的准备也足够充分了，因为我父亲对我的评价看起来完全是由衷的。可事实上，我不只是一个蹩脚的司机，而且还是个危险人物！为了鼓励我学习驾驶，我父亲为我发出了错误的信息，而这些错误信息彻底阻碍了我对出色驾驶的内在理解。他并不是故意那么做的，但是，其结果却与有意为之没有什么不同。

你以隐含方式（通过示范出色阅读）传达的信息——阅读需要弄清阅读内容的含义，阅读时要轻松自在，将阅读内容朗读时听起来要像对话那么自然——有助于你的孩子从阅读一开始就建立起真正的出色阅读概念，这样，她就不会满足于自己磕磕绊绊、漏洞百出的阅读表现了。当她第一次开始阅读的时候，你要对她的初次表现给予客观的评价。不要忘了：虚假的赞扬会阻碍她确立适当的出色阅读概念。

### 技巧4：做出出色阅读的表率

人们在多年前就知道，那些成长于经常有人给他们读书的家庭的孩子，更可能成为出色的阅读者。不过，专家们尚不完全清楚为什么会这样。很多人认为，不断给孩子们读书，潜移默化地使他们建立起了阅读的概念，让他们喜欢上了读书。不过，给你的孩子读书至少有一个显赫的理由——那就是做出出色阅读的表率，从而帮助孩子从潜意识层面弄清他或她要达到的境界是什么样的。

很显然，书籍是我们读给孩子们听的常见材料，你可以将任何能吸引孩子注意力的图书读给他们听。其他的阅读材料也可以从日常生活中获取，比如：

- 给他们读谷物食品包装盒上的文字和其他简单的说明类文字。
- 给孩子写便条并读给他们听。
- 将每天一起朗读报纸标题当作一项日常活动。
- 当孩子写生日贺卡、祝愿康复贺卡和感谢明信片的时候当个抄写员（一定要把你抄写的内容读给他们听）。

无论你什么时候看什么材料，都应该在其中寻找那些可以引发孩子兴趣的东西。比如，如果在一本杂志、一张报纸或者互联网上有一个你孩子喜欢的角色或者动物（比如，猫、狗、大熊猫、唐老鸭，等等），你可以给他们朗读一两段，从而吸引孩子就那些内容与你对话。

- 你可以说："那件事太有意思了，我从中学到了新东西。"
- 或者说："我想，那件事非常有趣，你觉得呢？"

- 或者说："我不知道大熊猫在中国是'大的熊、猫'的意思，你知道吗？"

任何给孩子读书的机会也都是为他们做出出色阅读表率的机会。当你给他们读书的时候，要将注意力集中于作者试图传达的意思（含义）上，这样，你的朗读听起来就会意思清楚，感觉很舒服自在，而且听起来也很自然了。

## 技巧5：利用全新的阅读观评价"错误"

以旧有的阅读教学观看来，在阅读过程中，在阅读材料中添加一个词汇、完全省略一个词汇，或者以某个词汇替代原文中的一个词汇，通常都被认为是失误，因为旧有的阅读教学观希望，接受培训的读者逐一辨识每个词汇。

而在本书介绍的全新阅读教学观看来，出色阅读者在阅读过程中，并不是逐一辨识词汇的，阅读者会从阅读材料中构想含义和意思，阅读者选择利用与原文不同的语言来构想作者所要传达的信息完全是可以的——只要阅读者没有显著改变原文的含义。以旧有的阅读教学观看来，阅读过程中，对原文的任何修改都是阅读能力欠缺的表现。而在互动构建者的阅读教学观看来，在顺畅阅读的过程中，以某些词汇替代原文中的词汇、添加某些词汇以及忽略某些词汇，恰恰是阅读能力较强的表现，因为这些行为表明，阅读者在阅读过程中是在专注于领会阅读材料的含义，而不是将注意力集中于识认每个词汇上。出色阅读者在阅读过程中甚至不会注意到自己对原文的修改。

**适当修改原文的例证**。有这样一个句子："The little boy bounced the ball."（那个小男孩拍球）阅读者会将其读成：

- "The small boy bounced the ball."（阅读者将原文中的"little"改成了"small"，两个词汇都有"小"的意思）这个句子听起来也很自然，意思也很清楚，而且也没有改变作者试图传达的信息。

- 或者："The boy bounced his ball." （阅读者将原文中的"the"替换成了"his"）这种改动从表述上看依然很自然，而且也没有改变作者试图传达的信息。

- 或者："The small child bounced the ball." （阅读者将原文中的"boy"替换成了"child"）这种改变并没有显著改变作者试图传达的信息。

**对原文不适当修改的例证**。任何阅读者如果将原文改变得意思不再清楚，读起来也很别扭，或者不能反映作者试图传达的信息，那么，这种改变就是不适当的改变、错误的改变。出色阅读者不会犯这类错误，他们在阅读的时候只是进行合乎逻辑的、可以接受的改变。不适当的改变只发生在那些错误构建了用以指导阅读的神经网络的读者身上。接下来，让我们来看看几个对原文不适当修改的例子：

- "The little boy bounced the bell." ［阅读者将原文中的"ball"（球）改成了"bell"（钟）］这种修改让原文的意思不再清楚了。

- 或者："The little boy bounced ball." （阅读者将原文中的"the"省略了）这种改变读起来很不自然。

- 或者："The little girl threw the ball." （那个女孩扔球）［阅读者将原文中的"boy"（男孩）改成了"girl"（女孩），将"bounced"（拍）改成了"threw"（扔）］这种修改显著改变了作者试图传达的意思。

**发现错误**。当你给孩子读书时，如果读错了，你应该随时承认错误，并将读错的地方重读一遍，当你正确读完之后，要告诉孩子，刚才读错的地方已经改正过来了。下面的方式对你会有帮助的。

- 当你朗读的材料听起来意思不清时，你可以说："我读得好像意思不清楚，我再读一遍吧。"修正了错误以后，你可以对孩子说："哈！这次就对了。"
- 当你读出来的语言听起来不自然时，你可以说："这么读不对，我再读一遍。"修正了错误以后，你可以说："这次听起来好多了，不是吗？"
- 当你朗读出来的意思明显改变了作者的原意时，你可以说："我把原来的意思弄错了，我再读一遍吧。"改正了刚才的错误以后，你可以对孩子说："好了，这才是作者的原意。"
- 当你的朗读听起来磕磕绊绊，而且让人不舒服时，你可以说："这么读感觉不舒服，我再读一遍吧。"改正了错误之后，你可以对孩子说："这样感觉好多了。"

这种沟通方式会潜移默化地让你的孩子了解到，阅读需要把原文的意思弄清楚，阅读要让自己感觉舒服、自在，将阅读的内容朗读出来要让听者觉得很自然。

此外，当你寻找为孩子做出出色阅读者表率的机会时，要记住：你的目标是向孩子表明，顺畅阅读是一个令人愉悦的体验，而顺畅阅读的特点是弄清阅读材料的含义，阅读的过程轻松自在，而且将阅读内容朗读出来时，听起来就像对话一样自然。完成了这个目标，你的孩子就会内在地建立起出色阅读的恰当概念。

## 你不是一个出色阅读者时需要使用的技巧

在那些家庭成员读写能力较差或者很差的家庭长大的孩子，之所以难以理解"出色的概念"，部分原因在于这些孩子的行为榜样（成年人以及兄弟姐妹）很少朗读图书，或者当他们朗读的时候，念得也很勉强。他们的朗读听起来很不自然，因为他们一直把专注于每个词汇的识认当作阅读时的主要行为。为什么呢？因为他们的早期阅读就是这样学的，这种对阅读行为特征（识认词汇而不是领会阅读材料的含义）的错误判断直接导致了他们阅读障碍的产生。而他们又很可能将这种错误的方法灌输给了自己的孩子，从而，轻易就将孩子寻找顺畅阅读方法的过程引向了歧途。

如果你自己并不是个出色阅读者，你可以利用下面的这些技巧，以确保孩子有一个出色阅读者的表率。那些自己就是出色阅读者的父母和兄弟姐妹也可以应用这些技巧。

## 技巧1：当朗读的时候，要确保你的朗读听起来像谈话一样自然

你可以找一些你可以轻松朗读的图书。同样，如果你不能顺畅朗读诸如《夏洛的网》这样的书籍，你可以找些更有意思的儿童书籍——有更多插图、句子更短、表述的语言也更浅显——来朗读。你可以逛逛当地的书店或者去图书馆，从大量的图书中选取某些书籍，花点时间读一读，直到你找到既能激发孩子的兴趣、对你而言又比较容易的"恰当图书"。把书带回家以后，你可以先练习练习默读，直到你可以给孩子轻松而自然地朗读为止。如果你坚持做下去，而且责成自己达到出色阅读的严格标准，那么，你的大脑很可能就能重新塑造运作错误的神经网络，最终使自己的阅读能力也得到显著提高！

另一个技巧是自己创作阅读材料——自己写些东西，并将它们读给孩子听。不要担心自己的拼写是否正确，也不必担心自己写的东西是否太过口语化，你需要考虑的是你写的是什么，需要考虑如何将它们以一种听起来就像你在和他人谈话的方式朗读出来。

### 技巧2：为孩子寻找其他出色阅读的表率

你可以通过让自己的孩子与出色阅读者接触的方式，为他们找到出色阅读者的表率。你不一定非成为自己孩子的阅读表率不可，不过，你必须要清楚，自己一定要为他们找到出色阅读的表率。

你可以让出色阅读者——比如，一位家庭成员、一位朋友或者一个邻居——经常为孩子读书。最后，当孩子自己开始阅读的时候，你可以通过判断他们的阅读是否真的出色以及为他们的阅读提供适当反馈的方式帮助他们。要判断自己孩子的阅读能力是否出色，你自己并不一定非是一位出色阅读者不可。

让孩子与出色阅读者接触的另一种方式，是从当地图书馆借阅一些有声儿童读物，之后，让孩子坐在你腿上一起来阅读。你们两人可以边听磁带，边默默阅读书中内容。当你们两人以同样的方式将同一本书读过几遍以后，或许，你就能自然而轻松给孩子朗读了。

你也可以让出色阅读者给自己的孩子录制几本简短的儿童图书。如果你不认识任何出色阅读者，不妨让当地图书馆的管理员将书中的几个短篇故事录制下来，如果需要，你可以为管理员提供空白磁带和录音设备，事实上，这种要求最糟糕的结果也不过是图书管理员不愿意帮忙而已。

此外，你还可以让孩子定期参加当地图书馆举办的"讲故事时间"活动。每次听完故事以后，你可以和孩子聊聊故事的内容和其中的人物（这样，可以潜移默化地让孩子了解到，阅读需要弄清阅读材料的含义）。你们就听过的故事进行交流的时候，可以谈谈故事的朗读有多么自然（"听起来就像朗读者在和我说话一样"），朗读者的朗读有多么轻松。不过不要做过头，你的评论要真实，不要言过其实。你可以用任何办法说明出色阅读能力的价值。

## 向孩子传达出色概念时应避免的问题

在向孩子传达出色概念的过程中，你需要避免犯以下两个重大的错误：

- 当孩子的表现实际上尚有欠缺时，误以为孩子的表现已经很出色了。
- 任何将专注于识认每个词汇和所有词汇当作顺畅阅读主要行为的做法。

此外，千万别像下面这样做：

- 还没有先为孩子示范出色表现的适当标准就让孩子做某些活动。
- 当孩子尚未达到出色表现标准的时候，盲目夸奖孩子已经做得很出色了。
- 当孩子的表现（或者表现的某些方面）已经达到既定的出色标准时，忘了给予承认。
- 制造了一个孩子需要仰赖你的判断才能认识到自己的表现是否出色的环境。孩子需要学会自行判断自己的表现是否出色。

当你的孩子开始尝试阅读的时候，千万不要说那些会导致他或她专注于每个词汇的话，也不要做那样的事，比如，一边指着某些词，一边说下面这类话：

- "这个词是什么意思？"
- "说说这个词的意思。"
- "我来帮你弄清这个词的意思。"

- "你太棒了！这个词的意思你说得完全正确！"
- "再仔细看看这个词。"
- "你说的这个词的意思不对。"
- "你把这个词念错了。"

所有这类的说法——还有其他类似的表述——都给你的孩子传达出这样的信息：阅读的过程就是识认词汇，而不是领会阅读材料的含义。

最后，你要避免用过分戏剧性的语调给孩子读书。如果为了好玩，偶尔这么念念无所谓，不过，不应该将其当作阅读的规范，因为这种方式会让孩子感觉到，舞台式的戏剧性朗读就是出色阅读的目标，进而将其当作出色阅读的标准。正在培养阅读能力的读者应该清楚，出色的阅读并不是戏剧性的表述，相反，如果将阅读的内容朗读出来，听起来应该像谈话那么自然——就像图书的作者与孩子的头脑保持一致一样。正在培养阅读能力的读者应该知道，对听者来说，将阅读的内容朗读出来听起来应该很自然。

你需要知道，尽管你可能并不能完全弄清本书罗列出来的所有指导建议，不过，它们确实非常有效！你应该尽可能领会这些指导阅读技巧的目的，并且根据孩子的情况，在合适的时机选用恰当的技巧。在应用本书谈到的技巧时，你可以自由尝试本书建议的方法以外的方式，当你做其他尝试时，要记住，阅读需要弄清阅读材料的含义，需要阅读者保持轻松自在的状态，而且他们将内容朗读出来的时候听起来要像谈话那么自然，此外，阅读者始终要将注意力集中于作者试图传达的意思，而不是专注于每个词汇。如果你能严格遵从这些原则，那么，你的孩子一定能表现得很好。

## 成功故事：一个有正确理念的小姑娘

我的一个商务伙伴有一个五岁大的小姑娘，她非常可爱，他曾给我讲过自己女儿在幼儿园的经历。此前，他曾经在自己女儿身上应用过本书谈到的技巧。

他很高兴地看到，自己的女儿正处于自行寻找阅读窍门的初始阶段，那时候，小姑娘已经可以自己看某些书了，在这些书中，某些语言会反复出现，所以，读起来总能预见到后面的内容。他女儿在幼儿园是很早就开始自己阅读的几个人之一。

在小姑娘的班上，孩子的老师所做的恰恰是所有幼儿园老师都应该做的——经常给孩子朗读故事。然而，有一天，这位老师选择了一种不同的方式来给孩子们读故事，这种方式就是：不自然的——而且——很慢的——方式，将——每一个——词汇——都——重读——出来——的——方式。我们可以认为，这位老师试图用这种方式给学生们传递出这样的信息——阅读需要专注于每个词汇。

你猜，我们这位很早就学会阅读的小姑娘会做些什么？她举起手，告诉老师，老师的朗读方法不对。"你应该让自己的朗读听起来很自然，就像你走路那么自然。"她对老师说。多聪明的小姑娘！

# 第五章

# 第二个必备条件：强烈的愿望

　　你听说过某人征服了难以想象的障碍——比如，一个有身体残疾或者智力障碍的人——最终取得成功的故事吗？谁会想到直到十一岁的时候还戴着大腿矫形器的孩子——一个曾罹患猩红热和肺炎的孩子——会成为 20 世纪跑得最快、最著名的运动员呢？这恰恰就是威尔玛·鲁道夫（Wilma Rudolph）的真实写照，她是第一位在一届奥运会上夺得三枚金牌的美国女性。威尔玛·鲁道夫十六岁第一次参加奥运会，二十岁时，获得了自己的首枚奥运会金牌，并创造了 200 米和 400 米短跑的奥运会纪录和世界纪录，从而以"世界上跑得最快"的女性而闻名全球。

　　威胁生命的疾患本来会断送世界一流自行车运动员兰斯·阿姆斯特朗（Lance Armstrong）的运动生涯，但是，这样的结果并没有产生。1996 年，阿姆斯特朗二十六岁的时候，也就是正处于体能巅峰状态的时候，他被诊断出了癌症，而且癌细胞已经扩散到了肺部和大脑。那时候，阿姆斯特朗的愿望就是生存，从没想过如何保持自己世界顶级运动员的地位，生命危在旦夕，同时，还要接受切除癌变组织的复杂手术治疗。然而，仅仅两年以后的 1998 年，阿姆斯特朗再次赢得了比赛，1999 年，他领导美国自行车队首次在环法自行车赛中拔得头筹。现在，他是这项世界最著名自行车赛的六届冠军。

　　我的同事坦普尔·葛兰汀（Temple Grandin）——一位在畜牧科学研究领域颇负盛名的科学家——是位孤独症患者。以传统观点来看，孤独症患者会被学术研究领域拒之门外，其原因在很大程度上是因为这类患者有沟通障碍，但是，这种传统观念并不适用于坦普尔·葛兰汀。她的成功向世人表明，孤独症患者也能让自己的头脑以极富成效、智慧和创造性的方式发挥出强大作用。

你听说过牙买加雪橇队（Jamaican Bobsled Team）吗？当这支来自热带国家的雪橇队出现在欧洲的雪道上时，全世界的人都忍不住笑起来。牙买加既没有阿尔卑斯山，也没有雪，然而，这支队伍的小伙子们决心与那些自然条件无可匹敌——在他们的国家，雪山本来就是风景的一部分——的运动员展开一场奥运水平的角逐。为了竞赛的胜利，这些运动员必须自行找到出色操控雪橇的方法，必须怀着和竞赛对手一样的渴求，在美国的雪道上一遍又一遍地尝试、练习。当他们最终的表现足以赢得对手尊敬的时候，世人不再耻笑他们，而且也开始对这支队伍刮目相看。

所有这些成功故事都为人类拥有一种可能最为强大的精神力量提供了佐证，这种精神力量就是：强烈的愿望。强烈愿望的同义词包括：决定、决心、坚定、坚韧、渴望，甚至也包括目的明确。我最喜爱的科学家和作家之一杰弗里·M. 施瓦兹（Jeffrey M. Schwartz）博士将强烈的愿望称之为精神力量，而罗杰·斯佩里（Roger Sperry）〔美国加州理工学院罗杰·斯佩里博士通过对人类大脑的深入研究，证实了大脑不对称的"左右脑分工理论"，并因此在1981年荣获了诺贝尔医学—生物学奖。研究发现：大脑左侧处理线性的、具体实在的信息，是学习语言与逻辑思维的关键，而大脑右侧则侧重于处理随意的、想象的、直觉的以及多感官的影像。——译者注〕首次将强烈的愿望定义为大脑神经元之间的"电子化学信号通讯"，他们的研究成果都告知我们，强烈的愿望实际上是一种生物学反应。

## 强烈的愿望：自然的力量

神经科学研究的成果为这样的事实提供了证据：只要大脑能生

发精神的力量，人类的大脑就可以按照自己的意愿习得大多数技能和能力。杰弗里·M. 施瓦兹在其名为《精神和大脑》（*The Mind and the Brain*）的著作中指出，如果他们的身体依旧健全，而且精力可以集中，那么，大部分大脑受损的病人都能习得丧失的大部分功能。杰弗里·M. 施瓦兹将精神的力量称之为强大的"自然力量"。

威尔玛·鲁道夫、兰斯·阿姆斯特朗、坦普尔·葛兰汀以及牙买加雪橇队的队员，都是利用这种强大的自然力量征服了阻碍自己取得成功的障碍的。那么，他们的决心来自何处呢？奇怪的是，他们的坚定与他们的成长过程相关——可能来自深爱他们的人的影响，也可能来自一个或者一系列事件——这些事件让他们确信，自己完全可以塑造自己的未来。

无论他们强大的"自然力量"来自何处，确实有些东西让这些取得卓越成功的人生发生了不可动摇的强烈愿望，这种愿望让他们所向披靡，并在某些行为和能力上表现优异。他们全神贯注，将注意力完全集中于自己所面临的挑战，而在这个过程中，他们的愿望引发了大脑结构的变化，事实上，他们改变了自己大脑的神经通路，从而显现出优异的表现。强烈的愿望确实是一种强大的自然力量！

强烈的愿望决定了我们习得的能力。大脑倾向于利用任何能激发自己兴趣和注意力的事物来满足自己的好奇心。想想看，一个稚嫩的两岁小男孩就可以说出十几种恐龙的名字！他之所以做到这一点，是因为他的大脑深为这种史前动物着迷，从而，他会像海绵吸水一样地吸取相关知识。为什么一个两岁的孩子可以说出复杂的恐龙名称，而很多成年人却不能呢？原因很简单：两岁的孩子怀有了解恐龙名称的强烈愿望，而成年人却没有这种愿望。

强烈的愿望是我们构建自己知识体系的必备品质，因为它通过构建神经网络，为完成编码信息所需的精神力量注入了强大能量。就学习某些程序而言，我们要么生发并保持强烈的内在愿望——达到出色表现特定标准的内在愿望，要么就一无所获。经历过成功的人会一直保持自己的强烈愿望，就像珍藏传家宝一样。那些在某些方面取得成功的人的潜意识层面，都放射着强烈愿望的光辉。

进入下一步讨论之前，我们需要弄清，强烈的愿望和动机并不是一回事。强烈的愿望主要通过潜意识层面发生的生物性反应而得以内在地生发，而动机则是一种更表面化的、更外在的反应。通过答应他们在任务完成后奖励他们一个金星或者一块饼干，孩子们就会产生整理自己房间的动机，但是外在的动机并不能影响到他们清理房间的质量。而个人愿望的强弱则会掌控最终表现的优劣。为了获得奖励，他们可能怀有尽快完成任务的动机，他们也可能怀有出色完成工作的强烈愿望，因为这是他们清理房间的概念。你看到其中的差异了吗？动机可能会影响到我们开始做一项工作的决定，但是强烈的愿望则是我们所有人用以完成工作的生物性反应机制。

## 强烈的愿望：阅读能力培养过程中的强大力量

拥有出色阅读强烈愿望的孩子，会对阅读过程所固有的快乐、激动和阅读所带来的其他好处充满渴望，当他们努力寻找如何完成顺畅阅读这一复杂过程的方法时，这种强烈的愿望会让他们坚持不懈。你可以帮助自己的孩子培养出阅读能力开发所必备的强烈愿望，但是，你必须有目的地完成这个过程，如果你很清楚如何才能达到这一目的，那么，你的指导就会更容易取得成功。

数十年来，很多父母都在毫无知觉的情况下，在不经意间取得了成功，他们甚至不知道也没意识到自己是如何取得成功的。比如，你可以看看下面的这个例子，在很多家庭里，其中的一个孩子自己学会了阅读，而另一个孩子却没有。对自行学会阅读的儿子来说，父母的角色可能不过扮演着这样的角色——对孩子的早期阅读兴趣感到高兴，并让孩子有很多书可读；而对没有自己学会阅读的女儿来说，父母可能希望她产生对阅读的早期兴趣，并强迫她阅读，当孩子发现自己对阅读并不怎么感兴趣时，父母又掩抑不住对孩子的失望，而对孩子的阅读活动施加压力和失望都可能削弱孩子对阅读的渴望。

那些对阅读没有强烈愿望的孩子很容易自暴自弃，而且常常放弃阅读尝试。当出现这种情况时，他们会放弃所有提升自己阅读表现的努力。非常常见的情形是，这类孩子常常对自己为什么不能阅读找到极不准确的解释——这种解释会潜在地破坏他们在学习过程中所有环节的表现，他们经常以这类自我解释自暴自弃，比如，"我做不来，我太笨了，一定是我有什么问题"。

作为孩子第一个也是最重要的导师，你可以运用精神的力量——激起他强烈的愿望——帮助他获得成为一个出色阅读者的能力。你可以通过帮助孩子做到以下几点而潜移默化地影响他：

- 让他们产生出色表现的潜在渴望。
- 让他们建立起尝试和行动的信心。
- 要让他们知道，阅读过程出些问题也没什么大不了。

所有这些心态都会对孩子生发强烈的愿望——领会完成顺畅阅读这一复杂过程的方法的强烈愿望——带来很大帮助。他们的愿望必须是真实的，而且是内在的，也就是说，潜藏在潜意识层面，他们的愿望骗不过你，骗不过老师，也骗不过任何怀有良好愿望的成人。在任何活动中，取得成功的强烈愿望都来自我们的内心深处，都是让我们为之着迷的结果，都能激发起我们的兴趣，也都是我们的渴望。要想学会出色阅读，我们必须首先拥有阅读的强烈愿望，随后，当我们构建阅读所需的知识体系时，这种强烈的愿望必须不断为我们的精神力量提供动力，没有了强烈的愿望，我们就不能完善我们的知识体系，就不能表现出色，就这么简单。

# 用以培养成为出色阅读者强烈愿望的技巧

本章接下来的部分将为你提供帮助孩子——在这些例子中，是一个男孩——生发成为出色阅读者的强烈愿望，你需要仔细阅读和玩味这些建议，同时，不要忘了，你和孩子的互动活动要轻松、有趣，不要训斥孩子。生发出色阅读强烈愿望的最大障碍之一就是紧张，如果他们觉得自己没能按照父母设定的时间表取得进展，就有可能为自己阅读能力的开发进程感到焦虑，所以，你需要轻松完成这些活动，需要享受这一旅程的乐趣，而不要强人所难。当孩子们认识到阅读的价值时，他们自然会产生阅读的强烈愿望的。

## 技巧1：让孩子看重阅读的价值

作为父母，你是孩子生活中最重要的人。你的孩子会模仿你的行为，如果你很清楚地显露出自己看重阅读的价值，那么，孩子也会看重阅读。此外，如果他也看重阅读，那么，他很可能就会产生找到阅读之道的强烈愿望。尽管就引发阅读的强烈愿望而言，外在的诱导很少能产生持续的影响力，不过，我们看重的事情确实能给他们以持久的影响。下面这些技巧就是用来向孩子灌输阅读的价值的，虽然这些技巧并不是鼓励孩子开发阅读能力的新方法，不过，它们确实很重要。

**率先垂范**。而且要做得很明显，要让你的孩子看到你经常阅读，并且要向孩子显示出你非常喜欢阅读。这个技巧适用于家里所有有经验的阅读者：妈妈、爸爸、兄弟、姐妹，等等。

**大声朗读**。无论何时，也无论在哪儿，只要有可能，就给你的孩子大声朗读，比如，当你们在医院和牙科诊所候诊的时候，当全家一起驾车外出旅行的时候，午睡前和晚上睡觉以前，当全家在日间静静地依偎在一起享受亲情的时候。当你的孩子觉得不开心需要安慰的时候，你可以笑着问他，想不想一起读一篇故事。当他需要摆脱对丢失的宠物的担忧，或者需要转移对摔破皮的膝盖的注意力的时候，你同样可以问他是不是想听一篇故事。当你只是想和孩子增进情感的时候，你也可以给他读书听。当你们一起读书的时候，要让他既能看到书上的画面，又能看到文字。

**经常阅读。**将阅读当成家庭日常生活的固定节目。晚上睡觉前的时间，是鼓励孩子花上十五分钟时间自己阅读的最好机会（很小的孩子可以看图画书，正在培养阅读能力的孩子可以看些简单的图书）。你可以以睡前读书的方式为孩子做出表率，这样，你的孩子就会认为，阅读是"长大成人"以后要做的事情，从而自己也会去做的。

**选择阅读。**当你在孩子身边时，你可以选择阅读而不是做其他事情而为他们做出表率。你需要让孩子看到（而不是告诉他们），阅读是更有价值的事情，而且比做其他事情更令人愉快。你可以鼓励他自行做出选择，不过，要做些巧妙的安排。比如，你可以对他说："现在，你是想关灯睡觉呢，还是想让妈妈给你读一篇故事？"也可以说："你是想现在就午睡呢，还是先听个故事？"不要强迫他和你一起阅读，相反，你应该给他提供可以选择的机会，不要将任何负面的情绪和阅读搅在一起，因为那会削弱他们阅读的愿望。

**告诉孩子如何找到书籍。**和孩子一起经常去书店和图书馆，让他们对书籍产生浓厚的兴趣。和孩子一起享受选购图书过程的乐趣，记住，你们一定要买些书，或者至少你要为自己买本书。你可以让他给没去书店的家人买本书，并让他将书赠给家人。

**选择一些增加旅行乐趣的阅读材料。**当你们一起外出旅行时，可以带些特殊的书籍,并找时间给孩子们读这些书。你可以选择一些与旅行相关的图书,比如,如果你们要去海滨旅行,你就可以给孩子读些发生在海边的故事;当你们在海边游玩的时候,你可以将你读过的某些故事与你们的活动联系起来,比如,你可以说:"我们一起来堆一个我们刚刚读过的故事里孩子们堆的那种沙堡吧。"

**用阅读来达到某个目的**。你可以利用图书为某些即将到来的事情做铺垫。比如,如果孩子的爷爷和奶奶要来,你可以给孩子读一本有关这类拜访的书,之后,问孩子:"你猜谁会来我们家?"读完一个关于杂乱房间的故事以后,你可以对孩子说:"我们一起去看看你的房间吧,你觉得自己的房间怎么样?很乱吗?你想象故事中那个小男孩那样把房间清理干净吗?好的,我们一起来整理。"

**将图书当作礼物**。你可以将图书当作生日礼物或者假期礼物赠送给孩子和家里的其他人。你可以帮孩子为家人或者朋友选购图书当作礼物,在这个过程中,你可以引导孩子为家人和朋友选购符合他们兴趣的故事书。

**谈谈你正在阅读的图书**。你应该鼓励孩子和你讨论你给他们读过的书,一起聊聊故事的情节和故事中的人物。同样,你要确保孩子有机会听到你和他人讨论你读的书。

**清楚告诉孩子你很看重阅读**。不妨参照一下下列表述方式:

- "会阅读真让我高兴。阅读可以让我了解到如此有趣的事情。"
- "今天,我读到了……"——之后,与孩子分享你读到的内容。
- "感谢你让我给你读书,我非常喜欢读书。"

● "我希望自己有更多的时间用来读书。"
● 当你哄孩子上床睡觉的时候，你可以这么说："晚安。我得早点上床了，这样，我就可以看书了。你是不是也想在床上看几分钟的书呢？"

### 技巧2：让孩子了解阅读的益处

如果你的孩子认为读书有益，那么，他很可能就会产生成为出色阅读者的强烈愿望。如果你能坚持做下去，那么，下面这些技巧将有助于让孩子形成阅读有益的直觉。

**与孩子分享你读到的东西。**当孩子在你身边的时候，你应该和他轻松分享你读到的内容。比如，你可以说："我从书上看到了一个最有意思的事……"或者说："哇！我看到了一篇非常有趣的文章，文章说……"

**鼓励孩子认识户外标牌的价值。**当你和孩子一起驾车出行或者逛街的时候，你可以告诉孩子街道和建筑物上文字的意思，并向他解释，为什么说这些文字很有用，同时，鼓励孩子自己说出和"阅读"那些标示性文字。你可以指着一个标牌说："你说那个标牌是什么意思？"当你们每次一起出行或者一起逛街的时候，这种练习方式有助于他说出某种标牌上文字的意思。如果你能给孩子正确解释那些文字的意思，那么，他逐渐就会了解到，"停车"标示牌上的文字怎么读，是什么意思；"退让"标示牌上的文字怎么念，是什么意思，他会了解到，十字路口街角的标示牌是街道的名称，商店上的标牌是商店的名字，等等。

**给孩子写些表达你爱他们的便条，并将其读出来。**如果你的孩子要和祖父母或者一位朋友过一夜，你可以给孩子写张便条，并让别人在孩子上床之前读给他听。如果是在白天，你可以将一个特别的玩具和一张便条留给保姆，让保姆在某个特别的时刻将玩具交给孩子，同时，将你写的便条读给孩子听。这种方式有助于孩子形成这样的观念——文字的益处可以超越书本和家庭的范围，同时，也是一个向孩子表达爱意的好方法！

**帮助孩子给他喜欢的人写信或者写贺卡，并将它们邮寄出去。**要让孩子认识到，收到他的信件或者贺卡的人会多么激动。你可以让孩子找出信纸或者贺卡、信封和漂亮的邮票，同时对他说："奶奶收到你的信件会非常高兴的，她一定会非常喜欢这枚漂亮的邮票的，最重要的是，她听到你的消息一定非常开心。"你可以让孩子说出要写的话，之后，你将其写下来，然后，你再将它们读给孩子听。如果他想增删内容，满足他的要求。你可以将这种方式在孩子写生日贺卡、祝愿康复卡时如法炮制。让孩子自己将信件投入邮筒。这种活动会让孩子了解到，口头语言可以转化成书面语言，而书面语言可以让读到它们的人看到其中的很多含义。此外，这种活动还可以让孩子认识到，他们也有重要的事情告知他人。

**鼓励孩子的早期书写。**鼓励孩子自己写信，即使他还不清楚如何组合字母。你可以让他把信件读给你听。尽管他的涂鸦很难辨认，不过，当他写出来的时候，你依然可以说："我真高兴你能把信写出来，这样，我就可以把它们保存起来，以后一遍又一遍地看了。谢谢。等你能看信的时候，我也会给你写的。"

**遵从介绍性文字的指导。**你可以和孩子按照菜谱一起做饭，或者按照说明书一起做模型。当你们一起做这类活动的时候，你可以告诉孩子，自己能阅读非常高兴，因为阅读能让你尝试新事物。同时，你可以将说明性文字列明的每一个步骤都朗读出来，之后，按其实施，从而让孩子知道，阅读可以教会我们新东西，而且可以指导我们完成某些活动。

　　**和孩子一起编制目录**。进行某项活动之前——无论是做晚饭，还是做模型，你都可以和孩子一起将完成该项活动所需的步骤罗列出来，你要让他看到你编制目录的过程。目录完成以后，你可以将它读给孩子听，同时，和他讨论一下，目录中罗列的步骤怎么有助于活动的完成。当你开始那项活动的时候，应该把目录中的相关条目读出来，并将其贯穿于活动的全程。这种方式会让孩子意识到，阅读和写作可以帮助我们完成既定的事情。

　　**技巧3：帮助孩子感受阅读的兴奋，激发他们的阅读热情。**

　　如果你的孩子能感受到阅读的兴奋，而且对阅读充满热情，那么，他很可能就会产生自行轻松、顺畅阅读的强烈内在愿望。你可以用很多方法帮助孩子感受到阅读的兴奋以及激发他们阅读的热情。

　　**在家里收有各种图书**。为孩子提供各种可供他们选择的图书最能激发起他们阅读的兴趣。比如：

- 儿童经典读物。
- 获奖图书。
- 插图丰富多彩的图书。
- 你可以用来和孩子"讨论"故事的没有文字的图画书。
- 字母图书。
- 用重复性语言写成的图画书。
- 每页文字很少的图画书。
- 孩子对其内容特别感兴趣的图书。

　　我们将会在第七章讨论如何使用不同种类的图书。

将图书和阅读尽可能与家庭生活联系起来。以图书和阅读为中心的活动也能帮助孩子感受到阅读的兴奋以及激发起他们阅读的热情。不妨尝试以下几种方式：

- **将选购图书当作可以预期的活动**。找一种方法，让你能和孩子一起经常去书店买书，你可以将选购图书当作可预期的活动。你可以在每次领薪水的那天带孩子去你最喜欢的书店，这样的活动会让孩子充满期待，而且还可以让他了解到，挣钱和用挣到的钱来买对你们都很重要的东西之间的关系。再有，如果书店每周都有一个折扣日，你可以选择在这一天和孩子同去。总之，你可以将外出购书活动当作每周一次或者每月一次的固定活动。

- **将图书作为计划活动的一部分**。在计划外出活动或者计划在房子周围做有趣活动之前，你可以找一本与这些活动有关的书籍。比如，在外出购物前，你可以给孩子读一读凯·汤普森（Kay Thompson）和希拉里·奈特（Hilary Knight）合著的《埃勒维兹的生活指南》（*Eloise's Guide to Life*），同时，和他讨论一下这本书中的所有活动内容（包括购物）。如果你计划的是一项特殊的活动，那么，你们两个也可以提前讨论一下，你们可以提前去图书馆待一两天，并将与这次活动有关的少儿图书收集起来。你们可以一起享受找书和读书的乐趣，同时，你们还可以根据书中的内容预测你们即将进行的活动。

表露自己对书籍和阅读的兴奋心情。热情是可以传染的。如果你和孩子一起读书的时候显露出对书籍和阅读的兴奋心情，那么，他也会的。

- **和孩子谈谈读到的故事**。你可以和孩子谈谈故事中有趣的、愚蠢的、令人惊恐的以及让人兴奋的情节。你可以向他提出很多问题，同时，给他足够的时间和机会对你的问题做出反应。这种方式除了能帮助他学会欣赏故事以外，还能帮助他发展思考能力和语言表达能力。《埃勒维兹的生活指南》就是一个很好的例证。当你给孩子读这本书的时候，你可以将孩子的注意力吸引到你觉得非常有趣的部分。比如，当你读到埃勒维兹是个小姑娘，住在纽约大饭店里时，你可以对孩子说："哇！埃勒维兹住在一家多么华丽的饭店里呀！你能想象到那家饭店是什么样子吗？你觉得那家饭店提供客房服务吗（如果需要，你可以给孩子解释什么是客房服务）？饭店有门童吗（如果需要，你可以解释一下门童都做什么工作）？"

- **和孩子一起讨论故事中的角色。**让孩子意识到主人公——无论他们（它们）是人、动物、外星人，还是其他角色——是故事的重要组成部分，对孩子很有帮助。孩子们自己会了解到，故事中的角色也能教给自己生活的道理，也能成为自己的"朋友"。你可以问孩子："你喜欢这个故事中的哪个人物呢？"或者问："你喜欢（或者不喜欢）那些人物的哪些地方？"你还可以和孩子一起观察人物的外貌和行为方式（比如，你可以说，"她长着一头棕色头发，像你一样"；"他像你一样，也喜欢足球"；"她说的可真好笑，不是吗"）。

- **鼓励孩子预测故事的后续情节。**预测故事的发展可以增加孩子的阅读热情，可以让他们感受到更多的阅读兴奋，因为他们深深沉浸到了故事情节中。此外，这种方式在阅读能力的培养上还有另外一个作用，它有助于让孩子从潜意识层面了解到，阅读时需要预测作者试图传达的信息，同时，要专注于阅读材料的含义而不是每个词汇。比如，你可以问孩子："你说接下来会发生什么？"或者问："你觉得下一页的内容是什么?"有关这一技巧的运用问题,我们在第六章还要详细讨论。

**帮助孩子成为更为广大阅读群体的一员**。与那些喜欢阅读而且看重阅读价值的其他人的交往,是让孩子感受阅读的兴奋心情、激发他们阅读热情的另一条渠道。你可以通过以下方式为孩子创建这样的渠道:

- **让孩子与伙伴们一起享受读书的乐趣**。孩子们并不一定要学会阅读以后才能享受读书的乐趣,他们彼此可以相互展示图画,可以利用书中的图画讨论他们喜欢或者不喜欢的事情。图书是启动对话非常好的工具,即使是那些年龄很小的孩子!你可以让孩子们翻着图画书讲故事的方式来鼓励小伙伴们或者兄弟姐妹们一起"读书"。
- **参加讲故事时间**。如果学校或者附近的图书馆有讲故事活动,那么,让孩子参加这类活动就可以将阅读活动转变成外出活动和社交活动。
- **组织朗读活动**。如果条件允许,你可以在社区内组织一个活动,每月一次,让已经上学的那些年龄稍大的孩子给小孩儿朗读。小孩儿喜欢让大些的孩子给自己读故事,因为可以让他人分享自己诸如给别人读书一类的本领,稍大的孩子也会为此感到自豪的。此外,你还可以与左邻右舍的母亲们或者朋友们——他们孩子的年龄与你孩子的年龄相仿——组织类似的朗读活动。

**给孩子订阅一份杂志,或者让他参加一个图书俱乐部**。你可以帮孩子订阅一份适龄的杂志,或者让他参加一个图书俱乐部。当杂志或者图书每月邮寄到家的时候,你可以与孩子一起阅读、一起分享阅读新故事的兴奋心情。

### 技巧4：表达让孩子成为出色阅读者的期望

巧妙地让孩子认识到你对他最终会成为一个出色阅读者充满信心，会对他产生内在的愿望带来重要的影响，他会因此而尊重你、钦佩你，并会寻找满足你期望的方法。下面这些表述方式会激发起孩子寻找阅读之道的潜意识。

- 你给孩子读完书以后，可以偶尔这么说："如果你能自己读这些故事不是很开心的事情吗？那时候，你就可以给我朗读了！"

- 当你和孩子一起看字母图书的时候，你可以选择一个恰当的时刻这样说："哇！你认识这么多字母啦！这对你成为出色阅读者可大有帮助。"不要忘了，只有当孩子真的能认识很多字母以后才能这么说。

- 当你给孩子买了一本书之后，你可以对他说："我迫不及待地想给你读这本书。有一天，你会自己看书的，也许，那时候你可以读给我听，好吗？"

- 你给孩子读完书以后，你可以这么说："当你成了出色阅读者的时候，你还会让我这么给你读书吗？"或者说："奶奶说，等你学会阅读以后，她想第一个听你读故事。"

## 引导孩子产生强烈愿望时需避免的行为

很多失当的方式都可能在无意中将孩子的阅读引向歧途。为了避免发生这类情况，首要的同时也是最重要的是，在引导孩子产生找到阅读之道强烈愿望的过程中，方法一定要得当，此外，知道（但不要过度在意）什么方式可能削弱孩子的愿望也大有助益。你需要谨记以下建议：

- 不要做任何引起孩子不喜欢或者厌恶阅读的事情,不要让孩子觉得自己有义务按照你的时间表来发现阅读之道。你的目标应该是帮助孩子产生成为出色阅读者的强烈愿望,从而,让他在准备充分的时候,迫切地将自己的"精神力量"引导到自行发现阅读过程的所有环节——无论是内在的环节,还是外在的环节——的努力中去。

- 不要把孩子对你的爱当作强迫他阅读的手段。如果孩子阅读只是为了取悦你,那么,他成为出色阅读者的强烈愿望就不会产生,他的愿望源自真诚的渴望和真实的感觉,他要感觉到阅读是有益的,而且可以让生活更加美好。

- 当你阅读的时候,不要强迫孩子听你朗读,也不要强迫孩子自己默默地阅读,你自然需要创造和孩子一起阅读或者各自独立阅读的机会,但是,你应该始终让他自己决定是不是要阅读。

- 不要向孩子灌输阅读是"艰难"的观念,这么做毫无疑问会削弱他的阅读愿望。要记住,大脑会天然逃避那些在潜意识层面认为很困难或者几乎不可能完成的活动,所以,不要让孩子在潜意识层面认为阅读是"艰难"的活动是至关重要的。

- 当你和孩子一起阅读的时候,不要做出虚伪的反应,也不要对阅读表露出"过度"的热情,好像你在向他"推销"一样,孩子自会看穿这种把戏的。你的这类行为可能会让他们得出这样的结论:阅读一定有"难言之隐"或者"猫腻",要不,你怎么会千方百计地强迫他们呢?无论是虚伪的反应,还是"过度"的热情,都会引发孩子的抵触。

## 成功故事：希望是强烈愿望的一个重要方面

当出现阅读障碍的时候，孩子的愿望往往会受到削弱。然而，当为孩子的阅读障碍提供了切实的解决方案时，他的愿望也能恢复。一位有阅读障碍的孩子的母亲，为我们简要概述了当严重的阅读障碍得到了真正彻底的解决时，成功和希望如何重新被点燃的过程。

我只想说，截至目前，在"正确阅读"培训中的体验，是杰杰最为难望的经历。你们给了他我认为已经完全丢失了的东西：希望。我想，你们会理解，作为母亲，看到自己深爱的孩子如此艰难地努力但仍然一无所获是多么令人心碎的事情。不过，杰杰和我都很清楚，这一切都彻底改变了，你们为他照亮了正在艰难穿越的黑暗隧道的另一端，对此，我的感激之情实在难以言表。

# 第六章
## 第三个必备条件：预测的策略

　　到孩子的年龄长到足以对阅读发生兴趣的时候，他们令人惊异的大脑已经形成了用以指导完成数千种活动——比如，扭动手指和脚趾、微笑、说话、走路，以及玩游戏，等等——的神经网络，孩子们并不是通过将其分解成相互分离的步骤的方式来学会这些活动的，相反，他们从一开始就是通过预测或者预见信息——为了完成试图完成的活动，大脑需要收集、整合以及协调内部信息和外部信息——的方式来完善微笑、说话以及走路等活动的能力的，之后，一切就顺其自然地发生了！

　　如果孩子在学习某些新东西的早期失败了（孩子的首次尝试确实常常失败，因为必须通过犯错误才能找到正确的方法），正在神奇发育着的大脑，会通过将活动的结果与他们既定的出色表现标准进行比较，之后，大脑会预测到，要取得渴望的结果需要进行什么样的调整，然后，据此做出调整并再度进行尝试。所有这些活动都发生在潜意识层面。只要有强烈的愿望，孩子会一直运用这种循环过程——尝试，失败，预测需要做出的调整，之后，再度尝试，如此往复循环——直到掌握完成某些活动的能力为止。

　　掌握，意味着孩子已经精确找到了如何根据自己已经确立的出色表现标准来完成某个活动的方法，而这一出色表现的标准，通过构建指导某些活动的神经网络，以"软连线"的方式镌刻进了孩子的大脑，终其一生，孩子都会不断运用这一神经网络出色完成与其对应的活动。掌握完成活动能力的过程在出生前就开始了，这是由大脑的结构所决定的。

## 学做"模特"的练习

我的一位年轻朋友的经历，生动表明了预测的循环过程是如何构建用以指导完成某个新活动的神经网络的，她一直想成为一个时装模特。十六岁的凯特走路的姿势很优雅，但是，她发现，时装模特在表演时使用的是一种完全不同的而且有些"不自然"的步态。有几个星期的时间，凯特一直在努力练习，以找到平衡身体、运动髋部和摆动手臂的正确姿势。在此期间，凯特多年以前构建的用以指导走路姿势的旧有神经通路一直起着控制作用，所以，她总是找不到以那种"不自然"姿势走路的方法，事实上，她的大脑尚未构建出用以指导全新走路姿势的全新神经网络。

怀着强烈的渴望，凯特先是仔细观察，以建立起出色走路姿势的概念。她潜心观察了成功模特的走路姿势：身体稍稍后倾，脚向前平伸，髋部的运动稍显夸张，肩部沉低，手臂松弛。不过，任何一个动作她都不能正确完成，所以也不能走出正确的姿势，她必须找到如何将所有这些动作整合到一起从而使整个走路姿势协调起来的方法。

为取得成功，凯特必须为自己建立起出色走路姿势的标准，以便让大脑清楚知道要完成什么目标。之后，她还必须一遍又一遍地运用预测的策略，直到自己的大脑潜在找到如何完成这一目标的方式。当进行尝试的时候，她需要判断哪些动作是成功的，哪些动作尚不成功，随后，再进行新的尝试，以构建出指导更富韵律走路姿势的全新"软连线"。现在，只要需要，凯特都能随时"激活"已经构建完成的用以指导模特步的神经通路，她已经不再需要思考如何去做了，潜在运行的大脑可以让她随时如愿以偿。

每一个获得某种出色能力的人都会经历这样的过程，因为他或她用以指导出色完成某个过程的神经通路已经构建成功了。不要忘了：出色表现是大脑设定的"目标"或者期望。期望出色表现不同于仅仅期望完成某个过程。要求很高的出色表现为表现的水平设定了一个不可妥协的高标准，而这一标准成为大脑衡量所有尝试成败的标尺。大脑在试图找到完成某一过程的方法时，会不断向自己提出以下关键问题：

- "我怎么才能完成这个活动呢？"大脑自己"想"。
- "可以这样做。"大脑一次又一次地进行尝试。
- "不对，这样不对。哦，我知道了！应该这样做！不对，又错了。再试试这样做。还是不对。"

如果完成某些活动的愿望足够强烈，那么，大脑始终不会停止运用这种预测策略，直到达到既定的出色表现标准为止。

## 预测策略：阅读能力开发的关键所在

预测策略在顺畅阅读过程中的运作方式，与在学习完成其他任何过程中的运作方式完全是一样的。采用预测策略的阅读者在阅读时会努力寻求如何才能达到出色阅读境界的途径，出色阅读就是有效（快速而且自如）和高效（完全理解阅读的内容）的阅读。如果阅读者清楚如何才能完成出色阅读的过程，同时，又有阅读的迫切愿望，那么，他的大脑就会通过一个内在的预测循环过程来回答这样一个问题：我怎么才能达到出色阅读的境界呢？

孩子会通过自愿参与阅读活动——因为孩子的大脑已经拥有了理解作者传达出的信息的知识储备——的方式来表明自己已经为寻找阅读之道做好了准备。比如，他们知道，鸭子长得什么样子，他们知道鸭子喜欢水。他们知道狗有四条腿，还有一个总是摇个不停的尾巴。他们知道家庭和朋友。那么，他们是如何了解到这些的呢？是的，他们是通过与自己生活于其中的环境的互动来获取这些信息的，在这种互动过程中，他们通过采用预测的策略而认识了自己周边的一切。

最可能出现的情况是，当你第一次告诉孩子鸭子是一种什么样的动物以后，她（或他）就会对鸭子进行预测。当她指着一个天鹅说"爸爸！快看，一只鸭子"时，她会立刻接收到自己对鸭子的判断是个错误的反馈。因为你会很快对孩子说："不是，那是只天鹅。"这种方式会让她下次碰到另一个机会时再次预测。通过借助预测的循环过程，最终，她会弄清鸭子到底是什么样的动物，并将这一信息以"软连接"的方式存储进复杂神经网络的适当地方，从而，每当爸爸或者妈妈给她读关于鸭子的故事时，她就可以将这一信息激活并调用了。

任何涉及与周边环境进行互动的神经活动都需要这种预测和预见的过程。因此，预测策略成为顺畅阅读的基础也就不足为奇了。出色阅读者会预测作者传达出的含义，而只有当阅读者已经储备了相关信息时，这一预测过程才能成功。我想，你在阅读第二章那段关于哥伦布的诗句时就已经亲身经历这个过程了。在顺畅阅读过程中，预测为你已经知道的信息与作者试图传达的信息之间构建了有机联系，而这一联系是教育学家们称之为"阅读理解"的精髓。

"理解"是人们的大脑无时无刻不在进行的活动，就像人们的心脏生来就要为全身供血一样（你不需要教会心脏如何供血），大脑生来就是要理解这个世界的（你不需要教会婴儿如何去理解，他们的大脑天生就能发挥这一功能）。那些担心自己年龄稍大些孩子的阅读理解能力的父母，并不担心孩子生活的其他方面，拥有足够语言能力的孩子在理解动画片和理解他人谈话方面并没有什么障碍，可是，他们就是不能很好地理解阅读材料。为什么会这样呢？

这种情况之所以发生，原因在于：孩子在潜意识层面认为，阅读就是辨识每一个词汇和所有词汇，而不是根据已经存储在头脑中的相关知识弄清阅读材料的含义。阅读者之所以发生理解上的障碍，是因为他们一直在试图辨识所有的词汇，而不是利用头脑中已经存储的信息来预测作者试图传达的信息。

那些能有效（快速而且自如）和高效（完全理解阅读的内容）阅读的孩子之所以能完成出色阅读，是因为他们成功运用了预测的循环过程构建了用以指导出色阅读的神经通路。当这些神经通路被激活时，它们就能引导读者专注于阅读材料本身，从而，使他们能预测出作者试图传达什么样的信息，进而，通过预测策略有效且高效地领会作者试图传达的含义。

## 运用预测策略"发现"阅读之道

你的孩子已经成功使用预测的策略学会了很多、很多需要了解周边世界以后才能完成的活动和程序，如果你能适当鼓励孩子，那么，孩子的大脑自然会采用预测的策略学会顺畅阅读这一复杂过程的。完成顺畅阅读需要以下几个步骤：

1. 预测如何才能完成出色阅读。
2. 根据自己的预测进行阅读尝试。
3. 第一次尝试往往会失败。
4. 从潜意识层面评估尝试的结果，并与自己业已确立的出色阅读标准进行比较。
5. 调整自己的预测，以完成出色阅读。
6. 进行另一次尝试。

这个循环预测的过程会不断进行下去，直到大脑发现完成顺畅阅读的方法为止。如果以图形表示，这个循环过程看起来有些像图6.1 的样子。

这个预测的循环过程——尝试，失败，分析尝试的结果，调整预测，之后再度进行新尝试——就是预测循环策略。在运用预测循环策略的过程中，孩子的大脑会同步调用存储的所有知识，无论何时，每当他想发现顺畅阅读之道时，他都会立刻取用相关的知识。

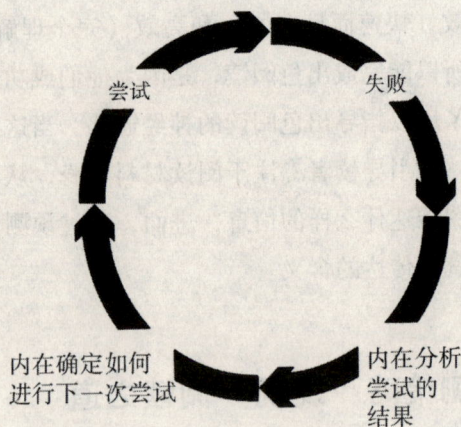

图 6.1　预测循环

对你而言，很重要的一点是：你要清楚，你不一定非教会孩子运用这个过程不可，事实上，你也不可能教会孩子掌握这个过程，因为这个过程的运作是内在的。我们怎么可能知道或者预见到别人的大脑是如何理解阅读材料的呢？虽然我们拥有字母的知识，拥有语言能力，知道如何表述语言，同时拥有理解某些主题的相关知识，此外，虽然我们还知道，在阅读过程中，大脑必须运用预测的策略，必须解读视觉信号，必须专注，必须行使执行功能，但是，我们并不知道每个人的大脑是如何组合、调用所有的信息，以弄清某些特定阅读材料的意义的。好在我们并不需要知道这些。一代又一代人中，总有很多孩子靠自学成为出色阅读者，他们完全能自如而轻松地弄清作者传达出的信息，因此说，大脑并不需要我们的帮助，如果成年人能为孩子提供适当的指导，能为孩子创造出适宜的环境条件，那么，在阅读过程中，孩子的大脑自然就会运用预测的循环过程发现阅读之道。

## 鼓励孩子运用预测策略

尽管你不能通过外在的方式告诉孩子如何阅读才能发现出色阅

读之道，不过，你可以以某些巧妙的方式鼓励孩子运用预测的策略去发现，这两种方式有着显著的不同。当你阅读接下来的阅读指导技巧时，你需要时刻牢记，你的工作就是给孩子提供巧妙但颇具意义的引导，你的引导要能让孩子自己去内在地尝试阅读，坚持这样做，就能帮助孩子真正走向自行发现阅读之道的道路。阅读本身的内在性特点决定了你不可能确切地知道孩子的大脑需要什么条件才能完成阅读的过程，此外，如果你给孩子的阅读指导过于明确，那么，你就可能给孩子传达出错误的信息。

就像你自己并不知道孩子需要什么条件才能获得出色阅读的能力一样，孩子自己也说不清楚自己需要什么样的条件才能完成出色阅读，不过，孩子神奇的大脑却能奇异地利用预测的策略内在发现阅读之道，而且这也是孩子完成出色阅读的唯一途径。本章接下来谈到的指导技巧就为你提供了一些巧妙的方法，据此，你可以用来鼓励孩子运用预测的策略自行发现完成顺畅阅读的方法。

## 学习字母的技巧

毫无疑问，有关字母以及它们读音的知识是阅读的基础。你的孩子成为出色阅读者以后，会利用他或她掌握的字母知识不断对作者传达的信息进行预测，同时，不断证实和否定自己所做的预测。他或她的大脑必须会从阅读材料中自如选择字母信息，以迅速预测阅读材料的含义。而如果按照从左到右的顺序，专注于句子中的每个字母或者词汇，则会使阅读过程既慢又艰难。当从阅读材料中自如寻找关键的字母信息，或者用"取样"的方式从中寻找重要的字母信息时，高效运作的大脑可以以快得多的速度阅读。

下面的这些技巧有助于你鼓励孩子获取有关字母的知识，与此同时，又不会给他们的大脑发出错误信息——必须用字母来译解或者辨识词汇。

## 技巧 1：用字母图书让孩子学习读音和字母的关联性

只要孩子长大到喜欢有人给他们指认东西的时候，你就可以和孩子一起看字母图书了。你可以选择那些同一页上既有大写字母、又有小写字母，同时画有许多其名称是以这一字母开头的物品的图书。孩子很小的时候就能"阅读"那些知道其中所画的物品是什么的简单字母图书了。不要忘了，当孩子在"阅读"这类图书的时候，他们并不是只是在耗费时间，实际上，在那些时间里，他们是在用图书寻找字母发音的规律——书面字母代表口语中的某些读音，简单举例说，字母"B"在口语中读成"波"，比如，"ball"（球）这个词的起始音（参见本书附录推荐的字母图书）。

虽然讲故事的字母图书朗读起来比画有各种物品的字母图书更有乐趣，不过，这类图书对一个正处在阅读初级阶段的孩子来说并没有多少帮助。因为阅读这类叙述类图书的时候，他或她不能集中精力看着字母（比如，字母"D"），同时指着相关的物品读出"Dog（狗）、Drum（鼓）和 Dinosaur（恐龙）（这三个词汇都以字母'D'开头）等"。

**练习："那是什么东西？"** 对你的孩子来说，这是一个非常好的练习，因为指认物品不但能增加他或她关于字母的知识，而且有助于孩子增加关于物品名称和物品特点的知识。你可以指着字母图书中的某些物品问："那是什么？"

- 如果他不知道，你可以告诉他，之后，再问一次："那是什么？"
- 如果他知道了，你可以通过提出另一个问题来继续这个练习。比如，问他："你在这页上还看到了什么？"或者问："你能找到另一个动物（或者玩具、水果，等等）吗？"

不需要任何指导，你的孩子就会学你的样子问："那是什么？"

**练习："那是什么字母？"** 尽管你和孩子看的是一本字母图书，不过，你仍然可以指着一个字母，将其当作另一个物品（事实上，也确实是一个物品）提出问题："那是什么？"

- 如果他不知道，你可以说："那是字母'B'。你能念出'B'来吗？"

当他始终可以回答"那是字母'B'"或者"那是个'B'"的时候，你可以告诉他，字母"B"读成"波"，并告诉他这一页上所有以字母"B"开头的词。这时候，你需要在指着每个物品画面的同时读出它们的名称，并重读"波"，当你读出一个物品的名称时，可以将字母"B"的读音再重复两三次。比如，你可以说："'波'、'波'、'波'——Ball（球）！"

当他听过几次以字母"B"开头的词——比如，"Ball"（球）、"Basket"（篮子）、"Bird"（鸟）以及"Bath"（浴室），等等——以后，你可以问他，"Ball"这个词是以什么字母开头的。

- 如果他不能马上回答，你可以说："'波'、'波'、'波'——'Ball'。"
- 如果他还是不能说出字母"B"，你可以告诉他："是字母'B'。'Ball'开头的字母是'B'。"

你可以用字母图书中写有"B"这页的其他物品重复这个练习。

你可以不时指一下字母"B"，提示他，某些物品名称的开头字母是"B"。

### 技巧 2：强调读音不变的字母

有些字母的发音比其他字母的发音更容易混淆。比如，字母"C"并不是只有一种读音，它可能读成"丝"［在"City"（城市）这个词中，"C"就读成"丝"］，也可能读成"科"［在"Cut"（切割）这个词中，"C"就读成"科"］，而与字母"H"一同出现在词语的开头和结尾时，读音又是一种，例如，在"Church"（教堂）中。"G"和"Y"两个字母都各有两种读音［比如，字母"G"在"Gun"（枪）和"Germ"（细菌）中的读音不同，字母"Y"在"Yellow"（黄色）和"By"（在附近）中的读音也不同］。有些字母的发音更容易混淆，其发音也更难以掌握，原因在于它们在词汇中位置不同（比如，字母"V"和"Z"），或者因为它们的"与众不同"（比如，字母"X"和"Q"），也可能是因为它们与其"伙伴"的紧密联系（比如，字母"Q"和"U"，"W"和"H"）。当孩子刚开始尝试阅读的时候，不要强迫他们弄清这些容易混淆的字母和字母组合，信不信由你，当逐渐沉迷于阅读的时候，他们自然会弄清楚的。他们敏锐的小脑瓜会注意到，字母"Q"和"U"几乎总是连在一起，"W"和"H"也常常一同出现。当开始预测阅读材料的含义时，他们会注意到，字母"C"和"H"会一同出现在有"church"（教堂）和"cheese"（奶酪）的故事中，"T"和"H"会一起出现在有"throwing"（扔）或者"them"（他们）情节的故事中。

不要忘了，出色阅读者是通过预测作者试图传达的意思来阅读的，在预测的过程中，阅读者的大脑会策略性地选择字母信息，这就意味着大脑不必了解所有的字母信息，因为大脑沉迷于预测的过程中，所以大脑只要了解其读音不变的字母就能使自己的系统运作正常。不妨这样想一想：如果你想从书面文字中寻找额外的信息，从那些读音不变的字母中通过"取样"的方法获取信息难道不是更有效而且结果也更可信吗？这就是大脑在阅读过程中的行为方式，同时，当大脑这么做的时候，预测的策略会使其填充没有注意到的细节。你的工作就是帮助孩子学会词汇中读音不变的字母以及它们的发音，以便让孩子找到利用发音不变的字母进行出色阅读的方法。如果他学会了所有的字母以及字母的发音，当然再好不过了！不过，即使他还没有完全掌握，你也不必强迫他。还好，虽然字母在顺畅阅读中发挥着重要作用，但是，它们并没有扮演最重要的角色，这要归功于预测阅读策略。

那么，当你和孩子一起阅读字母图书的时候，是不是意味着你就应该忽略某些字母呢？当然不是。预测阅读方法意味着你应该将时间更多地花费在那些读音稳定的字母上，而在那些读音容易混淆的字母上少花些时间。当孩子刚开始学习阅读的时候，你不应该让孩子摸不着头脑。如果他掌握不住发音不规则的字母，你不必为此不安。在阅读过程中，最有用而且也是最不容易混淆的是下面这14个字母：

B，D，F，H，J，K，L，M，N，P，R，S，T以及V。

你注意到了吗，这些字母中没有元音字母（A，E，I，O，U）。在英语中，所有的元音字母的读音都很难预测。在某个词汇中，一个元音字母或者元音字母的组合可能这么发音，而在另一个词汇中，同样的元音字母和元音字母组合的发音却可能完全不同。最为经典的例子就是"Read"这个词。当我们看到"Read"这个词的时候，它是应该读成"we are going to read"（我们要去阅读）中的"Read"呢，还是读成"we have already read"（我们已经读过了）中的"Read"呢（在前一个句子中，"Read"读成［ri：d］；在后面的句子中，"Read"读成［red］。——译者注）？

元音字母在词汇中的发音不如"S"和"T"等字母的发音那么稳定，所以，灌输错误的信息会让孩子对字母的发音产生混乱。当你和孩子一起阅读字母图书中介绍"A"、"E"、"I"、"O"和

"U" 这几个元音字母的页面时，让孩子的注意力集中于以这些字母开头，同时其发音为长元音的物品名称上不失为一个好办法［比如，"acorn"（橡树果实）、"eraser"（橡皮）、"ice"（冰冻食品）、"oval"（椭圆形）以及"unicorn"（独角兽）］。［在这些词汇中，开头的元音字母的读音与该字母的读音相同。——译者注］。

就阅读而言，元音字母并不像其他字母（辅音字母）那么必不可少，因为元音字母在词汇中的位置非常容易预测，这一点当你阅读本书第二章中那一组没有元音字母的词汇以及由这些缺失了元音字母的词汇构成的句子时，就已经感受到了。只要阅读者知道元音字母会处于什么位置——通常情况下，处在辅音字母之间——这些字母到底是什么就不那么重要了。当孩子在阅读的过程中寻找让预测策略发挥作用的方法时，他们会正确地填充缺失的细节的。因为他们专注于预测阅读材料的信息，所以，他们完全可以精确理解下面这样的句子："I can read! You can read! We all know what we read!"（你会阅读！我会阅读！我们知道阅读过的东西！）

### 技巧3：巧用冰箱字母磁贴

利用能吸在冰箱上的字母磁贴，为孩子增加有关字母的知识提供了另一条渠道。我们在这里讨论的活动，适用于孩子已经学会了某些字母以及这些字母的读音。你应该注意，活动的开始要让孩子的注意力集中于他已经认识的字母，这样做可以确保他能取得成功，进而，让他为自己的成就感到自豪。要知道，会做某事的自豪感有助于提升我们做这种活动的愿望！

**练习：辨识字母**。将所有的字母磁贴都贴在冰箱上，之后，问孩子："给我把'B'找出来。"或者让孩子找你认为她已经认识的字母。

● 如果他能将正确的字母找出来，你可以在冰箱门上找一块地方，让他把自己正确找到的所有字母磁贴都贴在那儿。

- 如果他没能正确找到字母，你可以告诉他。比如，你可以
  这样说："不对，那不是字母'B'，不过，你找的这个字
  母很像'B'（要注意，只有当她找到的字母确实像'B'
  的时候才能这么说），你找到的是字母'D'。你是想再找
  一次字母'B'呢，还是想让我告诉你字母'B'在哪儿？"
  之后，按照孩子的意思去做。

如果同一个字母有几个冰箱磁贴，你可以先让孩子找某个字
母，之后，鼓励他再寻找这个字母的其他冰箱贴，直到把所有的磁
贴都找出来。

- 你可以对孩子说："你能找到更多的字母'B'吗？把你找
  到的所有字母'B'磁贴都放到这儿。"告诉孩子将所有的
  字母"B"磁贴都放到一个地方。
- 如果他找不全，你可以鼓励他继续找。你可以说："我看到
  了另一个字母'B'，你能把它找出来吗？"

做完这个活动以后，你可以让他想一个以他刚刚找到的这个字
母开头的词汇，或者问他，是否能从房间里找到其名称开头是这个
字母的物品。你可以和孩子一起说出这类的词汇和物品。

**练习：辨识读音。**这个活动是前一个活动的延伸。如果你的孩
子已经认识了某些字母，也知道它们的读音，他就可以开始这个活
动了。同样，你要让孩子的注意力集中于他已经认识的字母上。

- 你可以对孩子说："给我找一下发音是'波'的那个字母。"
- 如果同样的字母磁贴在冰箱上有不止一个，那么，你可以
  换一个要求，对他说："把所有发音是'波'的字母都找

出来。"

完成这个活动以后，你可以让他想一个以他刚刚找到的这个字母开头的词汇，或者问他，是否能从房间里找到其名称开头是这个字母的物品。同样，你也可以和孩子一起说出这类的词汇和物品。

如果孩子找出的字母是错的，你可以告诉他。比如，你可以这样说："不对，那不是发音是'波'的那个字母，那个字母读成'的'，它们的发音很相像，是吧（要注意，只有当它们的发音确实很相像的时候才能这么说）？你是想再找一次发音是'波'的那个字母呢，还是想让我告诉你它在哪儿?"同样，按照孩子的意思去做。

### 技巧4：玩字母游戏

创编一些字母游戏同样可以增加孩子有关字母的知识。一旦他们认识了字母并且知道字母的发音以后，你就可以开始这些游戏了。

**练习：找字母游戏。**你可以自己做些字母卡，也可以买些字母卡，每张卡片上写有一个字母（一面是大写字母，一面是小写字母）。因为我们知道，大写字母和小写字母看起来完全不同，孩子们都要学会。在这个活动中，你用的字母卡上要既有大写又有小写。将几张字母卡（不要超过五张，也就是说不要超过短期记忆的能力）放到桌子上。起初，你可以将那些看起来完全不同的字母放到一起，随着孩子做这个活动越来越得心应手，你可以将那些形状相近的字母放到一起。

- 你可以问孩子："你能找到字母'B'吗?"（或者指定任何他认识的字母让他找）
- 如果他找不到那个字母，你可以把那个字母卡片指给他，之后，让他找出另一个字母，稍后再让他找那个最初没能

找到的字母。这个活动可以持续进行下去，直到他能正确
找到指定的字母为止。

你还可以通过将寻找字母转变为确定字母的读音而增加这个游
戏的难度。

- 你可以对孩子说:"找出那个发音是'波'的字母。"
- 或者说:"找出那个'Ball'(球)开头的字母。"

做这个游戏的时候一定要趣味横生，你可以通过增加放到桌子
上的字母卡的数量来提高这个游戏的复杂性。

练习:"我来找。"这个很好玩的活动主要是在孩子周围寻找其
名称以某些读音开头的物品，所以，这个活动的着眼点要完全集中
于读音而不是字母的写法。

- 你可以对孩子说:"用我的小眼睛来找以字母'B'开头的
  物品。"
- 他找到正确答案以后，你可以告诉他:"完全正确!"
- 每当他猜到的物品名称不是以"波"开头，而是以其他发音
  开头时，你可以告诉他:"不对，那个东西不是以字母'B'
  开头的。"
- 如果他猜到的词汇是"Rug"(地毯)，你可以让他自己发
  现两个字母发音的区别，你可以对他说:"'波'，'波'，
  '波'——Rug，这个词是以'若'音节开头的，'若'，
  '若'，'若'——Rug。"
- 如果他猜到的物品名称确实是以字母"B"开头的，但是，
  那个词汇并不是你想到的词汇，这时候，你可以给他一些
  暗示，告诉他，他说得没错，不过，那并不是你想到的物

品。你可以对他说："那个物品的名称确实是以'B'开头的，不过，那并不是我想到的东西。"

你可以通过改变猜想的物品而不是改变读音而让这种活动生动有趣，如果你开始就让孩子猜想某些读音，那么，会让他下意识地认为，你是想让他学习字母的发音。出于某些理由，有些孩子不喜欢顺从父母的计划。所以，活动开始时，你可以先对孩子说："我用自己的小眼睛来找蓝色的东西。"

难以猜对物品名称的孩子，活动开始时可能更容易说对物品的颜色，而不是物品名称的读音。在这种情况下，你可以以说出物品的颜色开始，当孩子逐渐适应这种练习以后，再将猜测的目标转向字母。

这种活动的两个主要目标是：让孩子感受到活动的乐趣以及让孩子感受到成功的喜悦。不要忘了，愉快的感受和成功的喜悦有助于强烈愿望的产生。如果活动缺少乐趣和成功，孩子参与活动的愿望就会大打折扣。此外，你还应该记住，这种活动只是你给孩子提供的机会，他是否参与这个活动的决定权在他自己。如果他不想参与，你要清楚，那是因为他的大脑尚未为这种活动做好准备。所以，你要让这种活动轻松、有趣，同时，要按照他的兴趣去做。

**练习：旅行过程中的字母游戏**。当大家一起外出旅行的时候，你们可以做这样一种游戏：看谁能找到其名称以某一字母开头的物品最多［比如，字母"B"对应"Building"（建筑）］。汽车里的每个人都可以参与这个活动（不过，驾驶者在参与活动的时候要多加小心），你们可以轮流确定字母。

当你的孩子对这种活动已经驾轻就熟以后，你们可以换一种玩法：从字母表的开头依次开始，也就是说，分别依次说出以字母"A"、"B"、"C"、"D"、"E"等开头的物品名称。参加活动的两个人不能说同一种东西。谁先到达字母表的最后一个字母，或者当活动结束的时候谁在字母表中居于领先地位，谁就是获胜者。你可以让年龄稍大的孩子帮助年龄小的孩子，让他们在说出物品名称的时候"稍稍迟疑一下"，以便给年龄小的孩子留出找到答案的时间。你也可以让年龄稍大的孩子告诉年龄小的孩子要看什么地方，或者让年龄稍大的孩子看到合适的答案时向年龄小的孩子说悄悄话，以便让小孩子找到答案。

**练习："哪个词是以字母'B'开头的？"**你可以在任何地方和孩子一起玩这个辨识读音的游戏，玩这个游戏并不一定非要占用很长时间不可——当你们一同上楼准备睡觉的时候，你就可以提出这个问题，当你们一起在公园玩或者在医院候诊的时候，你们也可以玩几分钟这个游戏。

- 你可以对孩子说："'Table'（桌子）、'Ball'（球）和'Grass'（草）这几个词中，哪一个是以字母'B'开头的？"你需要经常变换次序，不要让以字母"B"开头的词汇总是处在三个词的中间位置，否则，他聪明的小脑瓜可能就会意识到，以字母"B"开头的词汇总是处在三个词的中间位置。如果他不能立刻回答上来，你要告诉他正确答案。
- 当他已经熟悉某个发音以后，你可以用下列方法增加这个活动的复杂性，你可以问孩子："'Table'、'Bed'（床）和'Book'（书）这三个词，以字母'B'开头的是哪些？"
- 如果他回答："'Bed'和'Book'。"你要告诉他他答对了。你可以这么说："我是想考考你，没想到你这么聪明！"
- 如果他只说出了一个词汇，你可以表赞同，之后，就不必再谈这个游戏了。他之所以不能说出其中的两个词汇，是因为你对他的"考试"来得太早了。

就像我们谈到的其他游戏一样，这个游戏也为大脑提供了一个发现书面语言中"读音—字母"对应关系的机会。当孩子答错了的时候，就表明孩子的大脑还没有与相关知识正确"连接"起来，这时候，你需要对孩子的回答即刻做出反馈，千万不能向孩子发出这样的信号——当他答错的时候显露出失望情绪，无论他错在没能说出某种物品名称的开头字母，还是错在没能答出以某一音节开头的词汇。不犯错误，大脑就学不到东西。在这类活动中犯错是合情合理的，当孩子答错的时候，你应该理性对待。在所有这些游戏中，任何时候你都可以和孩子互换角色——让他向你提问。

## 利用可预见情节的图书的技巧

当孩子开始掌握读音稳定的字母以及这些字母对应的读音以后，你就可以用那些情节可以预见的图书来鼓励孩子尝试阅读了。每个孩子都要通过阅读尝试才能掌握阅读的内在过程，同时，孩子们持续想进行这类尝试也是必不可少的（要想掌握复杂的阅读过程，孩子必须怀有强烈的愿望）。你在培养孩子的过程中，切记不要说任何阻碍孩子进行尝试的话，也不要做阻碍孩子进行阅读尝试的事。下面的技巧将会对你有所帮助。所有这些技巧都是围绕着阅读内容容易预见的图书展开的，之所以说这些图书的情节容易预见，是因为你的孩子可能已经多次听到过这些故事（也就是说，他们很熟悉故事的内容），或者因为这些故事所使用的语言是重复性的，而且涉及的词汇有限（也就是说，这些内容本身就有容易预见的特点）。没有任何文字的图画书同样具有容易预见到其情节的特点，因为图画本身就会"讲述"故事。

当孩子不断阅读其情节容易预见的故事时，孩子的大脑就会愿意运用预测的策略去尝试阅读，并努力找到如何完成出色阅读的方式。

### 技巧1:巧用没有文字的图画书

你可以利用没有文字的图画书来鼓励孩子运用预测方法。这些图书的目的是通过图画来传达含义(或者信息)。

- 首先,你可以通过讲述图画所描绘的故事将故事内容读给孩子听,与此同时,将每页图画中的关键画面信息指给孩子看。
- 当你们下次一起看这本书的时候,你可以让孩子利用图画作为线索,给你讲那个故事。不要过多干涉他的讲述,除非他的讲述与他正在"阅读"的画面风马牛不相及。

你可以站在孩子的角度来解读他的讲述。如果你理解不了他的讲述,是因为他的讲述已经完全偏离了故事的本意,这时候,你可以向他提出问题,而不是修正他的讲述。比如:

- 如果画面显示的是海滩和一个海滨气球(海滨气球也称为浮水气球,是在海滨和游泳池中供游戏用的可膨胀圆球。——译者注),可是,他开始讲的却是爬山的故事,这时候,你就要介入了。你可以这样对孩子说:"我在这幅画面里没看到有山,你能告诉我哪儿有山吗?"
- 如果他说他不知道哪儿有山,你可以接着问:"这幅画面画的是什么?"
- 如果他不知道,你可以提出另一个问题:"那是什么?"同时,指着画面中的海滩。
- 如果他说:"我不知道。"或者,他没能马上回答上来,你可以告诉他画面上有什么。你可以对他说:"那是个海滩,你的故事里应该有海滩。你是想用这些画面给我讲一个完全不同的故事呢,还是想让我再给你讲一遍这个海滩故事呢?"

同样,你要始终让孩子自行选择下一步要做什么。

## 技巧2:利用熟悉的图书鼓励孩子运用预测方法

孩子对图书越熟悉,越能轻易预测出作者传达出来的信息。当你一遍又一遍地给孩子读同一本书的时候,他对这本书一定会熟悉起来,任何书都不例外。浅显的图书——因为使用某种模式的语言而容易预见到其情节,或者因为使用我们熟知的概念而容易预见到其情节——很容易让读者预见到其故事的情节,从而,我们可以很快对其熟悉起来。

我儿子在五岁的时候写的一本"书"(我帮助他将其写下来)很好地阐释了这个道理:

**手** [每一页都有他画的手]

第一页:手能鼓掌。

第二页:手能挥舞。

第三页:手能画画。

第四页:手能给你递送礼物。

第五页:手在夜里可以给你盖被子。

最后一页:手可以做任何事情。

其中的语言不但是高度重复性的,而且每页的文字数量也很有限。当孩子在潜意识层面努力寻找如何有效利用字母信息以便帮助自己预测阅读内容的时候,稀少的文字更容易让他正确解读文字的含义。

年龄很小的孩子喜欢让人给他们一遍又一遍地反复讲同一个故事,为什么呢?是因为在他们下次听到同一个故事之前已经将故事的内容忘了吗?当然不是。更可能的原因是,他们的大脑试图通过这种方式弄清图书是如何结构的，同时，发现顺畅阅读的方法。为此，给孩子一遍又一遍地读同一个故事是至关重要的。无论孩子让你将同一个故事讲多少遍，你都应该遵从他的意愿。或许，他正在用那本书来帮助自己找到顺畅阅读的方法。如果你的孩子不知道故事是怎么讲的，他怎么可能发现阅读的方法呢？是的，他当然不能。

阅读其情节容易预见的图书应该成为孩子正式阅读前的固定节目，你需要一遍又一遍地给他们读同样的书。当然，你也可以将这类图书的内容录制在磁带上，这样，当你不在孩子身边的时候，他也能跟着磁带听故事了。如果他并没有让你给她一遍又一遍地读同一本书，那么，你可以将给孩子读同一本书当作睡前的固定节目（你可以给他读一本他选择的其他图书），玛格丽特·怀斯·布朗（Margaret Wise Brown）的《月亮晚安》（*Goodnight Moon*）（Harper-Trophy，1977）就是一本很好的容易预见其情节的睡前故事书。

## 鼓励孩子运用预测方法时应避免的问题

- **不要强迫孩子参与本章谈到的任何活动。**切记：如果孩子觉得活动毫无乐趣，你就应该终止了，怎么强调这一点都不算过分。挫败感会阻碍孩子"发现"阅读过程的能力。

- **避免使用与每个字母对应的只有一两个物品的字母图书。**大脑需要吸收很多物品名称信息才能掌握字母的发音规律，所以，你不要让孩子很快就从一个字母的学习转到下一个字母的学习。

- **不要将"字母歌"当作教会孩子认识字母的手段。**"字母歌"有助于孩子了解字母，但是，作为阅读的基础，它并没有多大作用。事实上，是书面字母与其读音的对应关系在帮助他们完成阅读过程。会唱"字母歌"的孩子可能并不知道如何辨认字母，或者并不知道字母与其读音的对应关系。很多幼儿园和学前班会教孩子们唱这首"字母歌"，所以，如果你的孩子在上学之前已经学会了唱这首歌，那么，等他们上学的时候，他们的自信心无疑会得到增强，因此，我们有足够的理由教会孩子唱这首歌。孩子可以和家里的其他人一起学唱这首歌，也可以让孩子跟着磁带或者 CD 学，你还可以在哄他上床睡觉或者给他洗澡的时候教他。你应该鼓励他尽量唱好这首歌，这样，他就可以给爷爷、奶奶表演了。不过，不要忘了，不要将"字母歌"当作培养阅读能力的前期活动，因为它并不能提升孩子的阅读能力。

- **千万不要让孩子产生这样的感觉：为了取悦你，他必须学会所有的字母和阅读。**如果你能让孩子参与活动时保持放松，而且不要对孩子的进展评头品足，那么，学习的过程就会是轻松、自然的。爸爸（或者爷爷或者其他人）要赞赏孩子的学习精神，要看到孩子取得的切实进步。

- **不要给孩子说出字母或者发音的"思考时间"。**孩子可能认识某个字母，知道某个字母的发音，也可能对某些字母和某些发音一无所知。如果他不认识某个字母，或者不知道某个字母的发音，你可以即刻告诉他，之后，继续那些旨在帮助他学习的活动和练习。给孩子"思考时间"，会让他觉得别人正在考自己，而有人正在考自己的感觉会让孩子产生压迫感，而且可能让孩子对活动产生抵触情绪。

- **避免任何将孩子的注意力从作者传达的信息或者含义上转移开的事情。**专注于阅读内容的含义对阅读过程而言是必不可少的，因为所有的出色阅读者都是根据阅读材料的含义来阅读的。

- **不要强迫孩子参与阅读活动。**如果你对字母图书、冰箱字母磁贴和浅显的图书表现出了浓厚的兴趣，那么，你的孩子很可能也会对它们产生浓厚兴趣。你可以通过表露这类活动多么有趣、多么快乐来鼓励孩子参与进来。永远也不要强迫孩子参与阅读活动！

## 成功故事：一个木工和数百名其他人成为出色阅读者

预测策略是帮助人们找到提升阅读水平的强大工具，它不但适用于那些刚刚开始学习阅读的孩子，而且也让那些患有诵读困难的人大受裨益（诵读困难：一种学习障碍，症状是识别或理解书写文字的能力很差。——译者注）。

二十多年前，还在上中学的肯·瑞纳尔森被洛杉矶加利福尼亚大学的医生诊断出患有诵读困难症。在一年多的时间里，肯·瑞纳尔森接受了这所大学声名卓著的佛纳德阅读障碍治疗中心（Fernald Reading Clinic）的矫治，治疗结束后，他的阅读能力达到了二年级水平。然而，当肯·瑞纳尔森从中学毕业以后，他的阅读能力依然停滞在二年级的水平。

作为一个成年人，肯·瑞纳尔森之所以选择为一家木材公司工作，部分原因在于这个工作对阅读能力没有要求。1990年，肯·瑞纳尔森供职的公司——辛普森木材公司（Simpson Timber Company）——启动了一项旨在让公司员工为新技术做准备的读写能力培养试点项目。公司检测了在美国得到广泛使用的多种成人读写能力培训课程，最后选定了"正确阅读"课程，因为这一课程的教学方法与公司员工在中学阶段接受的其他课程有显著的区别。培训项目启动之初，肯·瑞纳尔森接受了读写能力测验，测验发现，他在阅读材料中会添加毫无意义的词汇，而且阅读过程断断续续，此外，他还常常忽略阅读材料的重要部分。考虑到肯·瑞纳尔森阅读障碍的严重性，培训教师让他从阅读一年级水平的图书开始。经过六十个小时的培训以后，肯·瑞纳尔森的阅读能力已经提高到足以让他平生第一次阅读威尔逊·劳尔斯（Wilson Rawls）的小说《红色羊齿草的故乡》（也译为《红蕨长在那里》）（*Where the Red Fern Grows*）了（该书是亚马逊书店评选出的"1900—1999 五十本最佳儿童图书"之一，同时也是美国教育协会推荐的"一百本好书"之一。——译者注）。完成全部九十九个小时的培训课程以后，肯·瑞纳尔森已经可以轻松、自如地阅读超出中学水平的书籍了，而且能完全理解阅读材料的内容。甚至在完成培训课程之前，他就能阅读《一分钟经理人》（*The One—Minute Manager*）、《领导艺术》（*The Art of Leadership*）以及《优秀让我们完美》（*Better Makes Us Best*）等管理书籍了。

因为有肯·瑞纳尔森以及其他十九名木工取得成功的前提，最终，辛普森木材公司的读写培训项目大获成功，其后的五年，这一培训项目扩展到了辛普森木材公司分布在七个州——华盛顿州、俄勒冈州、加利福尼亚州、密歇根州、宾夕法尼亚州、佛蒙特州以及得克萨斯州——的十七个工厂。这一培训项目的记录显示：辛普森木材公司的员工共接受了 17654 个小时的培训，接受培训员工的阅读能力总共提高了 1998 个级别。这一培训项目之所以取得如此显赫的成功，是因为"正确阅读"教学方法"强行"让有阅读障碍的人利用预测的阅读方法来寻找出色阅读之道。

预测的方法需要大脑内在地进行阅读尝试，无论是孩子，还是成年人，如果他们的大脑不能进行阅读尝试，他们就不能最终学会阅读。

# 第七章
## 培养孩子出色阅读的能力

你可以想象一下这种情景：四百年前，人们仰望着午后的天空，认定脚下的地球就是宇宙的中心。人们在伽利略时代对此笃信不疑，人们确信，太阳和其他星球都围绕着地球转动，地球是全宇宙的中心。

但是，伽利略利用新型望远镜仔细观察，却发现了地球围绕太阳转动的证据。当伽利略请求当局根据自己得到的科学发现修正人们的观念时，他却受到了审判，并在监狱中度过了余生！

几个世纪之前，常识让善良的人们确信，太阳就是围绕着地球转动的，他们认为，地球一定是稳定不动的，因为人们并没有感觉到地球在转动。而今天，所有人都接受了地球只是太阳系的一颗星球，而且地球是围绕着太阳转动的科学事实。

## 成功阅读的最大障碍

今天，就阅读而言，善良的人们普遍接受的观念是：阅读的过程要围绕着页面上的每个词汇来展开。常识告诉人们，专注于逐一识认每个词汇和所有词汇，是通往出色阅读的必由之路。不是吗？

错！事实上，这种方式恰恰是培养孩子获得出色阅读能力的最大障碍。在培养孩子阅读能力的旅程中，作为教练，你执教的效能取决于你如何应对每天都要面对的"要么成功，要么失败"的时刻，这种时刻会一遍又一遍地反复出现。要想高效执教，你必须不断压抑自己让孩子在阅读中专注于词汇的译解以及让孩子识认每一个和所有词汇的自然冲动和渴望，为什么这么说呢？正如我们在前面谈到的，出色阅读能力的关键并不是专注于词汇的辨识，相反，出色的阅读能力在于妥当地构建和使用大脑中的神经通路，以预测和预见作者试图传达的信息。因此，顺畅阅读从阅读的开始就涉及我们读到的材料的含义，而不是对每个和所有词汇的识认。认为识认词汇才是成为出色阅读者的必备基本技巧的错误观念，可能是导致阅读障碍的最普遍原因。

滑入专注于词汇辨识泥沼的那些愿望良好的父母和其他人，在引导孩子阅读时，经常说下面这些话：

- "我们一起读一篇故事吧。你想给我读一读吗？好吗？这次，由你来朗读这些词语。"
- "你读得不对，再好好看看那个词语。"
- "你把那个词语念成了什么？"
- "把那个词的意思弄清楚。"
- "把它念出来。"

以本书讨论的全新阅读教学观点看来，与刚刚开始学习阅读的孩子进行的这类常见表述，恰恰是阅读教学的大忌。每年，在各种培训中心，当我们公司用全新的阅读教学观以及与此相关的教学方法培训教师的时候，我们都会碰到有些愿望良好的成年人不愿放弃旧有教学观念的情况，我们常常发现，那些使用旧有阅读教学方法的教师，其教学效果远不如那些从不使用旧有教学方法的老师。旧有的阅读教学方法可能有助于孩子记忆不熟悉的词汇，但是，逐一阅读每个词汇与顺畅阅读并不是同样的认知行为。

阅读过程中的这些禁忌，会阻碍孩子们发现真正出色阅读这一复杂、完整的过程。要想学会出色阅读，你的孩子必须学会如何预测作者试图传达的信息，就像第二章中介绍的那些你与孩子一起进行的那些活动一样。只有当孩子们运用预测的方法——基于他们大脑中存储的相关知识所做的预测，同时，根据阅读材料的信息（或者含义）来阅读，而不是通过费力地辨识每个相互孤立的词汇来阅读的时候，孩子们才能拥有出色阅读的能力。

## 罗赛塔石碑的启示：使用已经熟悉了的图书的重要性

要想独立找到如何完成阅读的方法，你的孩子必须非常熟悉几本书，他需要借助对这些图书的熟知来学会书面文字如何帮助和支持自己理解作者传达的信息。

一个非常有趣的历史事件很好地证明了提前了解阅读材料信息的重要性。到了 14 世纪，人类解读埃及象形文字的技能已经完全失传了，当代的考古学家和语言学家对那些神奇文字如何传递信息一无所知。

18 世纪末，在修建一个军事要塞时，拿破仑军队的一名士兵发现了一个具有决定性意义的东西：一个以三种文字镌刻碑文的石碑。语言学家发现，第一种文字是埃及的象形文字，第二种文字是得到更为普遍使用的另一种埃及文字（通俗希腊文字），第三种文字经鉴定是希腊文。语言学家发现，通俗希腊文字和希腊文表述的是同一种含义，所以，他们认为，第三种文字——这种镌刻在后来很快名声大噪的罗赛塔石碑（Rosetta Stone）上的文字——可能表述的也是同样的内容。因为了解了文字表述的含义，所以，语言学家据此最终读懂了失传已久的埃及象形文字！

此前，有几个世纪的时间，语言学家一直试图解读那种象形文字，但是，直到他们预先了解到那段文字的内容之前，一直毫无突破。你的孩子也一样，如果他们没有预先了解一段文字说的是什么，他们就不知道书面语言是如何传达信息的。所以，无论你的孩子多么频繁地让你给他们读同一个故事，也无论你将同一个故事已经给他们读了多少遍——"如果我再给他们读一遍这个故事，我一定会疯了的！"你都应该咬紧牙关，都应该让自己的脸上挂着幸福、灿烂的微笑，再给他们读一遍。事实上，你的孩子在潜意识层面可能正在用自己熟知的故事来学习阅读的过程。

一旦孩子们从潜意识层面认识到口头语言和书面语言的关系，他们就会知道如何运用存储在自己记忆中的知识和所有相关信息来预测和领会作者试图传达的信息了，我们将这一过程的关键称之为理解。

听起来是不是很复杂？这个过程本身确实很复杂，但是，人类的大脑拥有弄清这一过程的超强能力，学龄前儿童自行学会阅读的事实就是很好的证据。本章将为你介绍六种图书，同时，辅之以便于应用的技巧，适当利用这些技巧，就能让你的孩子更轻松地"弄清一切"。首先，让我们一起先来看看三种重要的基本技巧，无论你和孩子一起阅读的是什么类型的图书，这些技巧都能引导你和孩子（我们以一个小男孩为例来说明）的互动过程。

## 培养孩子出色阅读能力的通用技巧

作为孩子最重要的导师和教练，你的工作就是为孩子创造令人兴奋的阅读环境，就是解答他的问题，同时，巧妙地推动他，让他向着自行发现如何完成阅读过程的方向迈进，下面这些活动和技巧就是为帮助你完成这些目标而设计的。这些活动比其外表要更为复杂，所以，我建议你先仔细通读，之后，当你和孩子进行互动的时候，需要将注意力集中于在某一时间如何完美完成某一项活动上面。同时，你需要定期回顾第四章到第七章所介绍的那些技巧和活动，需要经常自省，以确保自己对那些技巧的应用是妥当的。不要忘了，你自己也需要构建用于妥当指导孩子进行这些活动的神经网络。构建神经网络是大脑的天职，而构建的过程需要时间！

### 技巧1：给孩子读各种书

除了要给孩子读那些我们在本章稍后部分将要介绍的图书以外，你还应该纯粹为了阅读的乐趣，从那些获奖的儿童文学作品以及其他能激发孩子兴趣的书籍中选取某些图书——包括诸如《夏洛的网》和《绒布小兔子》（*The Velveteen Rabbit*）［也译为《棉绒兔》，童话作家马杰里·威廉姆斯（Margery Williams）的著名作品，在欧美几乎家喻户晓。——译者注］一类的经典作品——读给孩子听，你可以从吉姆·崔利斯（Jim Trelease）的著作《朗读手册——大声为孩子读书吧》（*The Read—Aloud Handbook*）（该书是一本向家长和教师介绍"为什么要"以及"如何"为孩子大声朗读的实用手册。本书至今已再版五次，被许多学校和公益性的儿童阅读推广组织奉为经典。其所倡导的方法已于1985年被美国教育部阅读委员会确定为"培养阅读者的方法中最为重要的一项"。可以简要概括为：大人每天为6个月到10岁的儿童大声朗读20分钟。如果将"是否是阅读大国"列入考察一个国家是否是现代强国的标准的话，可以不夸张地说，这本书改变了美国历史。——译者注）以及由美国图书馆协会（American Library Association）出版发行的《纽伯瑞奖和凯迪克奖获奖图书指南》（*The Newbery and Caldecott Awards: A Guide to the Medal and Honor Books*）［纽伯瑞儿童文学奖是美国图书馆协会的儿童服务部门为了纪念英国的儿童出版始祖约翰·纽伯瑞（John Newbery），于1922年设立的奖项，每年评选出过去一年对美国儿童文学最有贡献的儿童文学作家。约翰·纽伯瑞，英国著名出版家、"儿童文学之父"，创立了世界第一家儿童书店。"凯迪克奖"授予一年中最优秀的美国儿童图书，该奖以英国艺术家凯迪克的名字命名，已有五十多年的历史。凯迪克奖之所以能够脱颖而出，主要在于其评选标准的周严与创新，尤其是每一本获奖作品都必须有"寓教于乐"的功能，能让孩子在阅读的过程中，开发另一个思考空间。凯迪克（Randolph Caldecott，1846 –

1886）是英国一位非常受儿童欢迎的图画书作家，在图画书的发展史上占有举足轻重的地位。——译者注〕中找到经典作品的名录和推荐的朗读图书，我们将这两本书都列入了本书的附录中。纽伯瑞儿童文学奖和凯迪克奖每年授予最佳儿童图书。

当你从这些书目中选择图书的时候，需要考虑到孩子的兴趣。如果你选择的图书主题恰好是孩子感兴趣的，那么，他就会对阅读更有热情。孩子听你给他朗读文学作品，可以从潜意识层面和有意识层面扩展自己的知识面，同时，增强他对各种语言风格的了解。语言丰富的图书对孩子的早期阅读尝试可能并没有太大的作用，不过，这类作品可以让他们增进对语言知识和这个世界的认知，同时，还能让他清楚地意识到，他最终学会了出色阅读以后，有大量的各类文学作品可供自己选择。

### 技巧2：始终积极回答孩子提出的问题，满足他们的要求

孩子向你提出的有关阅读的问题和要求是非常重要的，它们表明，他正在从潜意识层面自行提升自己的阅读能力，因此，尽最大可能回答他提出的有关阅读的问题、满足他有关阅读的要求是极端重要的，因为你永远也不知道他正试图解决的阅读难题是什么。

孩子提出的问题可能出自某一本特定的图书。下面，让我们来看看，一个年龄很小的孩子在看《兔子彼得的故事》（*The Tale of Peter Rabbit*）〔也译为《彼得兔故事大全》，作者毕翠克丝·波特（Beatrix Potter）女士于1902年至1913年创作发表了一系列童话作品，彼得兔是她发表的第一个作品的主角，故而成为她笔下众多动物里最有名的一个。"彼得兔"已成为毕翠克丝·波特作品的代称和标志，人们甚至将毕翠克丝·波特居住的英国湖区称为"彼得兔"的家乡。该书被亚马逊书店评为"1900—1950二十五本最佳儿童图书"之一。——译者注〕这本流行的儿童图书时会提出什么样的问题。如果你们居住在城市，孩子可能指着书上的花园问："那是什么？"你告诉他"那是个花园"以后，如果孩子从没见过

花园，他可能会问："花园是什么？"或者，他可能会指着画面上的花园再问："那是什么？"这时候，你的工作就是给孩子解释：花园是一个栽种水果或者蔬菜的地方，也可能是栽种花草的地方，这样，你就扩展了孩子对世界的了解。他会将这个重要的信息存储到记忆中，并为领会你以后给他讲的故事或者他自己最终能阅读时理解自己看到的故事做储备。

仍然以"彼得兔"的故事为例，当你给孩子讲到农夫要抓捕兔子彼得的时候，如果你的孩子已经有能力表述自己的关切，他可能想知道，为什么农夫要伤害兔子。这时候，你就要给孩子解释，有些人不喜欢让兔子吃花园里的蔬菜和花草，所以，人们会想尽办法不让兔子进入自己的花园。同样，你的解释再一次为孩子获取关于这个世界的知识提供了良好的机会，将来他会取用从你那里获取的这些知识的。在这个例子中，你给他提供了这样的信息：让人忍不住要搂抱的可爱动物也会给人们带来麻烦。某个我们认为再自然不过的信息对孩子来说却是至关重要的，而且会让孩子受用终身——包括从这种阅读活动得到的信息在内，在阅读过程中，他需要根据自己已经储备的对世界的认知来预测作者试图传达的信息。

孩子就阅读提出的要求会很简单，就一本书提出的要求可能五花八门。一个年龄很小的孩子可能会提出如下要求：

- "爸爸，给我讲那个故事。"
- "妈妈，现在给我讲这个故事。"
- "我想看另一本小兔子的书。"
- "再给我讲一遍。"

这些要求不只反映了孩子对图书的兴趣，它们还是对学会阅读发生兴趣的明显证据，所以，你应该尽可能满足他们的要求，以便他们可以得到学会阅读所需的任何条件。

### 技巧 3：对孩子发出的信号保持敏感

你一定要对孩子发出的信号——表示什么时候可以与孩子一起进行与阅读有关的活动、什么时候你应该终止阅读活动的信号——保持敏感。如果当孩子兴趣索然的时候强迫孩子做阅读活动，你可能就会削弱他尝试阅读的愿望，而且强迫孩子参与活动可能会给孩子发出事与愿违的信息：孩子"做不到"。但是，他当然能做到！**只是他必须按照自己的时间表来参加阅读活动**，而不是按照你的意志行事。所以，保持耐心并遵从孩子的意愿是必须的。

## 六种图书

下面谈到的活动和技巧旨在帮助你遵从孩子的意愿。这些活动围绕六种简单的儿童书籍展开，孩子会利用这些图书自行学会阅读。本书的附录收录了每种图书的书目。

1. 简单的 ABC 字母图书。
2. ABC 朗读图书。
3. 没有文字或者文字极少的图画书。
4. 其情节非常容易预见到的图书。
5. 容易预见到其情节的图书。
6. 文字很少的早期读物。

这些图书并不代表你引导孩子学习阅读系列步骤的"不同水平"，实际上，当你将某一类别的图书介绍给孩子的时候，同时还应该将其他类别的适宜书籍介绍给孩子，不要忘了，你不可能确切地知道孩子学会阅读到底需要什么条件。因此，重要的是，你需要为孩子提供一个他可以挑选对自己最有用书籍的环境。比如，他是对一本 ABC 图书情有独钟，还是对一本情节容易预测的图书兴趣浓厚，取决于他积累知识的水平，取决于他的语言表达能力，同时，取决于要想满足自己弄清阅读复杂过程的渴望，取决于他到底需要什么样的信息。因此，你应该把选择图书的决定权交给他。

如果你的孩子常常用一个词汇或者两三个词汇的句子与人交流，那么，他最喜欢的可能就是简单的 ABC 图书，因为虽然他已经拥有了与人交流的语言表达能力，不过，他尚没有学会将书面语言与口头语言的发音联系起来。年龄稍大些的孩子可能不像年龄更小的孩子那么喜欢看简单的 ABC 图书，因为他们已经完全认识了书中描绘的物品，同时，他们觉得自己已经认识字母了，所以，他们可能会更喜欢阅读故事书。孩子们对图书的兴趣是个"大杂烩"，没有这样一种"年龄和阶段"的精确公式，可以用来确定孩子什么时候会对什么类型的图书更感兴趣。你的工作就是遵从孩子的愿望，并根据他的表现来判断他应该进入到什么阶段了。

如何使用这些图书远比使用某一本特定的图书更重要。当你看到罗列在下面的这些活动和技巧时，有些信息可能对你来说已经很熟悉了，因为我们曾经在前面的章节介绍过那些技巧，那再好不过了！你对这些信息越熟悉，你就越能正确地运用它们，同时，你也就越可能成为孩子的出色阅读教练。

## 使用简单 ABC 图书的技巧

无论只是为了乐趣，还是为培养阅读能力做准备，孩子从出生开始都应该接触各种图书。一旦你的孩子已经长大到可以自己坐在你的大腿上时，你就应该按照第六章介绍的技巧给孩子介绍字母图书了。如果当你说出字母的名称以及字母的读音后孩子还不能跟随模仿，那么，你可以只是将字母图书"读"给他听，同时，将与字母对应的物品指给孩子看。简单的字母图书除了有助于孩子发现字母和其读音之间的关联性以外，对年龄很小的孩子来说，这类图书还有另一个重要作用：是他们探索图书世界的愉快起点。

字母图书不但包含丰富的字母信息，而且通过介绍字母对应的读音，通过孩子熟知的物品图画，还为他们提供了一种简单的环境，在这种环境中，孩子可以构建学习阅读的基础。孩子需要的几乎所有条件都具备了：图书、含义、他们感兴趣的物品，以及建立口头语言和书面语言之间关系的机会。

十八个月及年龄更大的孩子——正在开发语言能力的孩子们——可以快速而成功地"读出"简单字母图书介绍的那些字母以及其名称是由这些字母开头的物品。孩子在学会阅读很久以前，就能从图书画面中认出"球"、"球棒"和"自行车"等物品，所以，当你和他们一起翻阅简单字母图书的时候，他们就会明白，每页介绍的字母对应着他们听到的每个词汇的读音。当他们使用这类图书的时候，他们会预见到，某一页上的所有物品名称都是以某个特定的字母开头的，这就给了他们一个自行发现"读音—书面语言"之间关系的机会。

## 引导孩子提出"那是什么"的问题

当你手里或者孩子的手里有一本字母图书或者任何其他有图画的图书的时候，孩子最可能向你提出的第一个问题就是："那是什么？"你可不要小看这个问题！事实上，他正通过这么几个简单的词语，让你为他展示这个世界。他充满好奇的心理告诉你，他已经为了解这个世界做好了准备，而且要迫不及待地出发了。所以，当你开始引导他向着培养出色阅读能力的旅程进发的时候，要时刻牢记这一点。因此，他提出的"那是什么"的问题越多越好。

在孩子学会顺畅阅读之前（甚至之后），他总会指着书上的物品问你"那是什么"的，你需要始终对他们的问题表现出浓厚的兴趣，并回答他们的问题。你这样做，实际上是在帮助他们积累关于这个世界的知识，此外，回答他们提出的问题还有助于让他们意识到，当他们想学习如何通过书面语言进行沟通的方法时，你是可以信赖的。所以，不要对他们的问题感到厌烦，而是要珍视。你应该看到这个过程的真正作用：孩子正在通过这种方式在大脑的灰色组织中存储重要的信息，当他寻求顺畅阅读之道的时候，这些信息是必要的准备，而且可以供他们随时调用。

## 使用 ABC 朗读图书的技巧

在孩子看来，简单的 ABC 字母图书和供朗读用的 ABC 图书有着显著的区别。前一种图书的内容都是关于物品辨识的，而后一种图书通常会涉及一个故事。以成年人的观点来看，简单 ABC 字母图书的目的，是向孩子说明字母和字母读音的关系，同时告诉孩子他们熟知的物品名称的起始读音。显著不同的是，ABC 朗读图书的目的，是通过精心描绘的图画和孩子分享一个故事。两种图书的目的不同，其中只有一种最适合用于帮助孩子开发自行阅读的能力。

给一岁大的孩子朗读的时候，很适合使用有精心描绘的图画同时以故事为主要内容的字母图书，当你想和孩子一起阅读、欣赏并讨论故事中的人物或者物品时，也就是说，当你给孩子讲经典故事的时候，这种图书是适用的。不过，不要指望这类图书能帮助孩子找到字母的原理，学习字母的最佳选择是那些简单的 ABC 字母图书——每页都介绍一个字母以及与该字母相关的一种物品。

## 使用没有文字或者文字极少的图画书以及 "讲故事" 的技巧

没有文字的图画书中因为没有任何正文，所以，"读者"必须完全根据图画来讲故事。几乎没有文字的图画书因为文字很少，所以，"读者"必须将故事的其他部分讲出来。"讲故事"是早期朗读的重要手段，它能给孩子传达出这样的信息：图书是让人非常开心的，里面有作者试图传达的有趣信息，此外，这种图书还能让孩子们认识到，画面是帮助他们预测作者试图传达的信息的资源之一。不要忘了，书籍是传达信息的，而不是单一词汇的集合体。没有文字或者文字极少的图画书完美地阐释了这一点。

你可以使用图画书来运用"讲故事"的方法。先默读一页，之后，给孩子概述一下这一页的内容。图画书中的画面也可以用来吸引孩子参与到讲故事的过程中来。

比如，一头母牛正在跨越月亮的画面就给你提供了这样的机会。

- 你可以指着画面问孩子："你看！那有一头母牛。它正在跳过什么呢？"
- 如果孩子回答正确，或者当你告诉他答案以后，你可以问孩子："你觉得那头母牛真的能跳过月亮吗？"（之后，听他回答）
- 你可以接着问孩子："你能跳过月亮吗？"（之后，听他回答）
- 随后，你可以对孩子说："我肯定，你能跳过某些东西，你想给我示范一下你怎么跳过某些东西吗？"

你还可以用图画书来给孩子介绍些新信息。比如：

- 你可以问孩子："你知道牛奶是从母牛的什么地方挤出来的吗？"
- 当他回答完以后，你可以指着画面问他："你知道这些乳房就是产奶的地方吗？"

你可以看到，通过讨论图书的内容，而不只是读给他听，你就给孩子提供了一个多么好的扩展他对这个世界认知的机会啊！

下面，我们来看看另一个例子。你给孩子读道："大象走得很慢。"如果你觉得孩子还不知道走得慢是什么意思，这时候就是一个和孩子一起进行下面讨论的良机了：

- 你可以问孩子："大象在哪儿？"

- 他指出画面上的大象以后——或者，如果他没能指出大象，
  你告诉他以后——你可以问孩子："如果我们用手指像大象
  走路那样走过这本书，你能给我演示一下，大象怎么慢慢
  走吗？"

- 当他给你演示完以后（如果他不知道如何演示，你可以给
  他示范一下，之后，鼓励他也试一下），你可以这样问孩
  子："如果大象走得很快，我们的手指该怎么走呢？"

- 同样，给孩子些时间，让他给你演示。如果他不能，你可
  以给他用手指演示一下"快走"的概念。

　　你需要跟随孩子的意愿来选择是给他们"朗读"故事，还是给
他们"讲"故事。如果你开始给他们朗读的时候，他们并不感兴趣
（比如，他们走开，或者觉得不开心，或者开始玩弄书），那么，这
就是他们还没有能力理解你朗读的内容的信号，这时候，你就应该
给他们"讲"故事。给孩子讲故事而不是朗读故事，有助于孩子参
与到故事中来，从而，他们的兴趣也会更高涨。当你给孩子讲故事
时，如果他能与你积极互动，他就会回答你提出的问题，会不断指
出画面中的物品，而且常常手舞足蹈，因为他已经全身心地投入到
故事中去了，很显然，他非常喜欢这种活动，这就是你应该期待的
结果。毫无疑问，你一定希望你们进行的早期阅读尝试能激发出孩
子的兴趣。

## 使用其情节非常容易预测的图书的技巧

　　在本书附录罗列的书目中，你可以看到，其中有一个其情节非
常容易预见到的图书种类。这些图书是用反复重复某些短语的形式

写成的，通常只是改变句子的末尾部分。在孩子初步尝试学习阅读的时候，你可以利用这类图书和孩子进行互动活动。当孩子准备好要阅读这类图书的时候，你要跟随孩子的指引。你会知道孩子是否准备好和你一起进行下面的阅读活动以及孩子是否要参与到活动中来的。如果他不愿意参与阅读活动，那就说明他还没有准备好，这时候，你就应该继续经常给孩子朗读各类图书，包括那些其情节非常容易预测的图书、简单的 ABC 字母图书以及没有文字或者文字很少的图画书。

你可以收集一些情节非常容易预测的图书，之后，让孩子选择一本他想阅读的书。通过将选择限定在情节非常容易预测的图书上的方式，无论是你，还是你的孩子，都能掌控这类阅读活动——你控制了孩子选择图书的种类，而孩子则有选择其中某一本书的自由。当我们觉得自己拥有掌控某一活动的自由时，我们参与的热情和愿望就会更加强烈。

## 技巧 1：引导孩子朗读句子中最容易预测的部分

你可以通过给孩子反复朗读的方式，让孩子熟悉书中那些重复性的句子和图画。当你给孩子朗读的时候，你们应该总是坐在一起的，这样，孩子就能始终看到书上的内容了，不过，你不必刻意吸引孩子的注意力。如果孩子愿意听你朗读，你可以将一本书一次给孩子读几遍，你也可以在两三天的时间内经常给孩子朗读同一本书。

你可以通过鼓励孩子"朗读"书中非常容易预测到的部分而让孩子参与到阅读的过程中来。为了说明这种方式，我们一起来看看下面这个例子，在这段文字中，你会发现，"人们"这个词汇在其中多次重复，因而也很容易预测到：

第一页：人们喜欢吃饭。
第二页：人们喜欢散步。

第三页：人们喜欢外出旅行。

第四页：人们喜欢看电影。

第五页：人们喜欢拥抱自己的孩子。

最后一页：有人喜欢去工作！

当你确认孩子已经熟悉了故事的内容——因为孩子已经听过了几次（无论是在一天内还是在几天内听到过几次），你可以先读第一页，翻到下一页之前，你可以这样问孩子："下一页是怎么开始的？"

- 如果他回答正确（比如，他回答"人们……"，"人们喜欢……"，"人们喜欢做……"，甚至回答"人们喜欢散步"），你可以对孩子说："让我们一起来看看。"之后，翻到下一页，并将其内容朗读出来，然后说："你说得对！你是怎么知道的？"事实上，你并不需要真的要得到答案，提问其实是与孩子互动的一种方式。对孩子的回答，你可以给出一个简短的回应，之后，问孩子："那么，下一页是怎么开始的呢？"孩子可能再一次给出正确答案。

- 如果孩子回答错误，你可以对孩子说："让我们一起来看一看。"之后，翻到下一页，告诉孩子："你回答得有些接近。"或者说："不对。"随后，你不需要再做进一步的评述，接着给孩子读下一页就可以了。

- 如果他说他不知道，你可以对孩子说："让我们一起来看一看。"之后，翻到下一页，随后，你不需要再做进一步的评述，接着给孩子读下一页就可以了。在让孩子再次预测下一页内容之前，你可以给孩子多读几遍。

- 如果他没能立刻回答上来，你不用给孩子留有思考的时间，因为他要么知道答案，要么就不知道。你对孩子没能回答上来的事实可以视而不见。之后，你可以对孩子说："让我们一起来看一看。"之后，翻到下一页，接着给孩子读下去。你还可以通过给孩子指出一个画面或者与孩子讨论的方式，来引导孩子预测接下来的内容。在让孩子再次预测下一页内容之前，你可以给孩子多读几遍。

你需要鼓励孩子朗读每一页上的重复性语言，这个过程可能要花一天或者几天的时间，你需要做的只是遵从孩子的意愿，不要强迫他们，相反，如果他总是结结巴巴、兴味索然，你应该及时介入，并将故事的其余部分读给孩子听。一遍又一遍地反复倾听同一个故事会让孩子大受裨益。如果他兴味索然，你可以选择在几天之内只是给他读故事，过后再回到一同阅读这本图书的活动上来，此外，你也可以将同样的技巧运用于其他用重复性语言写成的其情节非常容易预测的图书上。

## 技巧2：引导孩子将句子中不太容易预测到的部分读出来

当孩子可以轻松而自如地预测出故事中的大部分时，你可以将他的注意力引导到不太容易预测到的部分。有两种方式可供选择：

1. 你为孩子读出容易预测到的部分。
2. 让孩子给你"朗读"容易预测到的部分。

使用哪种方法都可以。你可以交替使用两种方法，也许，你和孩子会更喜欢某一种方式。无论使用哪种方式，目的都只有一个，那就是引导孩子将句子中不太容易预测到的部分读出来，进而能"通读"全句。

**你为孩子朗读。**如果你在想让孩子朗读的部分之前拉长音调，孩子就会抓住这个信号，从而，每当你将一个词汇的音调拉长的时候，他就会主动读完句子的其余部分。如果他没能立刻接下去，你可以将他的注意力引导到图画上去。

- 你为孩子读到："人们喜欢去……去……"时，你可以对孩子说："看看这个画面。你觉得人们喜欢去做什么呢？"
- 他会回答："吃饭！"或者其他能正确反映作者试图传达的含义的答案。这时候，你可以对孩子说："对啦！现在，我能肯定，你完全可以自己把这一页都读出来！你想试试吗？"
- 如果孩子不想尝试，你可以将这页的内容读给他听。你可以说："让我们来试试下一页。'人们喜欢……去……'"整本书都可以运用这种方法。
- 如果他回答正确，你可以让孩子把那一页的内容都读给你听。你可以对孩子说："你能读下一页吗？"这时候，他就会尝试自己读下一页了。

你应该引导孩子读完每一页，如果必要，你可以给孩子"起个头"，比如，你可以提示："人们……"，如果他接不上，你还可以提示："人们喜欢……"。如果孩子预测作者试图传达的信息还需要额外的帮助，你可以将他的注意力转移到画面上。

**孩子为你读出来。**这种方式给了孩子一个显示自己知道如何预测句子其他部分的机会，这时候，你可以巧妙地促动孩子掌握预测句子中不太容易预测部分的技巧。让孩子参与到这个活动中来很容易。

- 你可以这样问孩子："下一页是怎么开始的呢？"
- 如果他预测到："人们喜欢……"时稍有停顿，你可以说："看看这个画面。你觉得人们喜欢去做什么呢？"
- 如果他预测到："吃饭！"之后，你可以对孩子说："对啦！

你能把这一页都读出来吗?"然后,对孩子说:"我们一起来读另一页吧。"

你可以让孩子把每一页都读出来,如果需要,你可以将他的注意力转移到画面上去。如果孩子不愿意读完一页,你可以将剩余的部分读给他听。如果他能"通读"某些句子的某些部分,或者能自行读完整页的内容,他可能就会换一个故事去读的。如果他的回答基本正确,不过,并没有使用作者使用的语言,你不要纠正和干预,除非他的答案不通、听起来很别扭,或者完全曲解了原文的意思。

如果原文是"人们喜欢吃饭"。而你的孩子读成:"人们喜欢吃晚饭。"这时候,你就不必纠正他。他对原文的改变并没有彻底改变作者的原意。

不过,如果孩子将其读成:"人们喜欢开晚会。"那么,他对原文的改变就曲解了作者的原意,这时候,你就应该介入了。

- 你可以告诉孩子:"这么说不对,再读一遍吧。"
- 如果这次他对原文的改变仍然不能接受,你可以对孩子说:"再读一遍怎么样?"
- 他尝试过三次以后,你可以将这一页的内容读给孩子听。

有时候,即使孩子已经知道如何通读全书了,你也需要偶尔再读给他听。这让他有机会注意到自己对原文通读的显著偏差,同时,也给了孩子一个检验能力——正在形成过程中的对阅读的内在理解能力——的机会。

## 技巧3:为出色阅读设定标准

当孩子为你朗读的时候,你需要客观评价他的朗读是否出色,并提出诚实的反馈意见。对那些总是习惯于表扬孩子——无论孩子在一项活动中的表现是否真的出色——的父母来说，这么做可能很困难，不过，不要忘了，你对孩子阅读表现做出的反应，会影响到他对到底什么样的表现才是出色表现的判断，因此，帮助孩子精确判断自己的阅读表现是至关重要的。他一定要能清楚地知道，自己什么时候的阅读表现是出色的，什么时候的表现差强人意。

如果你的孩子已经拥有了出色阅读的能力，那么，他的朗读听起来会很自然。当他为你朗读的时候，你听着会觉得很舒服。在这种情况下，你可以用下面两种方式中的一种来表扬孩子：

- "太好了！你的朗读听起来非常自然，这就是出色的阅读。"
- "你读得简直太棒了！听起来非常自然。当你朗读的时候，是不是也觉得很自如呢？"

或者只是简单地对孩子说："这就是出色阅读。"

当孩子将某个句子朗读得很顺畅时，你也可以让孩子把这个句子多读几遍，以强化他对什么样的阅读才是出色阅读的感受。

如果孩子尚不具备出色阅读的能力，他的朗读听起来就不那么自然，那么，当他为你朗读的时候，你会觉得不舒服。在这种情况下，你可以尝试下面的方法：

- 你可以对孩子说："再读一遍吧，读得再自然些。"
- 你也可以对孩子说："把那句再读一遍吧，刚才你读的听起来不太自然。"
- 如果他读得听起来仍然不够自然，你可以告诉孩子："再读一遍。"如果还是不够自然，你可以对孩子说："再读一遍吧。"

如果他最后一次读得很出色，或者，经过三次尝试以后读得依然不够好，你们可以接着读下一页或者做其他活动。无论你们接下来做么，如果他的朗读听起来完全不自然，你都不能对孩子说他刚才"读得很好"，你对孩子阅读表现的评价应该准确，应该保持评价标准的一致，同时，应该保持连续性。让孩子的大脑认识到什么时候的阅读表现是出色的以及何时的表现尚不够好是非常重要的。

同样重要的是，要让孩子始终保持出色地"阅读"，这样，他就不至于对自己试图取得的目标感到困惑了。如果他的朗读听起来不够自然（也就是说听起来不像谈话那么顺畅），你需要通过强化他预测原文含义的能力来帮助他达到出色阅读的境界。你可以选择他读得不够好的句子，用下面的方式帮助他：

- 你可以对孩子说："我先把这个句子读给你听，之后，我想让你再把它读给我听，好吗？"
- 给孩子读完那个句子之后，你可以对孩子说："好了，现在轮到你了。"你可以一直运用这种方法，直到他能出色地为你朗读出来为止。
- 每次他读得不够好的时候，你也可以对孩子说："不好，那么读还不够好，我再给你读一遍吧。"
- 你读完那个句子之后，可以对孩子说："现在，轮到你给我读了。"
- 当他朗读得很出色时，你可以对孩子说："很好！这就是出色阅读。"之后，你们可以进行到下一页，同时，重复这种互动活动，或者换成另外一种阅读活动。

让故事的内容更容易预测，以便孩子能出色地将其朗读出来的另一种方式是采用下面的方法：

- 你可以对孩子说："你为什么不把这个句子反复读给我听，直到你觉得已经朗读得很自然为止呢？好吗？"

- 每次他读得不够好的时候，你都可以对孩子说："不好，再读一遍。"或者简单告诉孩子："再读一遍吧。"
- 当他朗读得很出色时，你可以对孩子说："很好！这就是出色阅读。"

## 技巧4：帮助孩子判断什么是出色阅读

当你形成了告诉孩子他的阅读表现是否出色的固定方式之后，同时，孩子在阅读过程中也持续表现出色，这时候，你就可以偶尔问问孩子，他觉得自己的阅读表现是否出色了。比如，你可以问孩子："你刚才的朗读出色吗？"

当他回答你的问题时，你可以对他的自我判断表示同意或者不同意，之后，继续你们正在进行的阅读活动。当孩子对判断自己的阅读表现是否出色的环节表现得越来越有耐心时，你可以继续向孩子提出这个问题。不过，你要留意孩子的自我评价是否客观、准确。如果孩子的自我评价不够准确，你需要帮助孩子取得出色阅读的目标，同时，继续告诉孩子，他何时的阅读表现是出色的，何时的表现尚待提高，直到孩子的阅读过程再次表现为持续出色为止。

## 技巧5：为孩子创造反复阅读他已经掌握了的图书的机会

一旦孩子可以轻松、自如地自行"通读"完一整本书，同时，每次翻页的时间也掌握得恰到好处，这时候，你就可以通过让孩子给家人或者其他孩子愿意为其朗读的人——爷爷、奶奶、叔叔、婶婶、邻居和来访者——朗读的方式来鼓励孩子了。孩子甚至也可以通过电话给他人朗读。如果他有年龄更小的弟弟、妹妹，你也可以让孩子给他们朗读，这样，你就可以从看护孩子的束缚中"解放"出来，去叠放洗干净的衣服或者做其他事情了。

下面，我们为你提供另一个让孩子显露自己本领的同时对他的本领表示赞美的方式。当你和孩子坐在一起阅读的时候，你可以引导孩子给你朗读一本或者几页他已经掌握了的图书，你可以对孩子说："昨天，你给我朗读得太棒了！为什么不把那本书再给我朗读一遍呢？"

## 技巧6：清楚自己如何做一个出色的教练

下面谈到的方式、方法旨在让你成为最出色的阅读教练，无论你使用的是哪种图书，也无论你选择的技巧是什么。

**你应该明白，阅读和记忆是"表亲"。** 和孩子一起做过很多阅读活动之后，你或许会以为，"我的孩子是不是将原文都记住了，所以才可以那么顺畅地通读呢？如果是这样，他怎么才能学会阅读呢"？也许，孩子确实是将书中的原文记住了，所以，才刚好能"蒙对"其中的内容。事实上，记忆和阅读都需要预测，为了背诵，我们必须要能预测内容，要阅读，我们也需要预测内容。无论哪种情况，预测内容都需要有效定位我们大脑中存储的信息，从而，有效重建作者试图传达的信息。两者的区别在于，记忆中的东西是100%可以预测的，而阅读到的内容却不能100%地被预测出来，其中的信息需要读者的正确预测。所以，如果你的孩子给你朗读的时候实际上是在背诵，那么，我们应该祝贺他！这个事实表明，他已经内在地意识到了预测在阅读过程中担任的角色——有效调用记忆，同时，有效重建任何相关信息。

**始终遵从孩子的意愿。** 永远也不要强迫孩子参加任何阅读活动，因为这样做会削弱孩子参与阅读活动的愿望。如果孩子不愿意将某个句子反复朗读到出色的水平为止，你只管让他往下进行。如果孩子不愿意阅读你选择的图书，那就让他自行选择一本书好了。你可以另找一天再回到你选择的那本书上去。如果他不愿意给爸爸或者爷爷朗读，那就随他去吧。

**孩子犯错时，你依然要保持快乐的神情。**当你和孩子一起进行阅读活动的时候，你要确保自己始终保持快乐的神情和积极的态度，并对孩子有能力完成你要求他做的事情充满信心。如果孩子犯了错误，或者不能回答出你的问题，你依然要保持态度平和，永远也不要表露出失望或者懊恼的情绪。不要以下面这些表述让孩子感受到挫败感："我能肯定，你能告诉我下一页的内容是怎么开始的。"或者说："我知道，你完全能朗读下一页。"除非你认定孩子确实能。不要忘了，你必须确保孩子渴望阅读，必须让孩子心甘情愿地参与到阅读活动中去，否则，你的行为就会削弱他参与阅读活动的热情和愿望。如果他感觉到了自己的失败，那么，他就不想阅读你选择的图书了，或者可能不想阅读任何图书了。

**不要给孩子思考的时间。**对于你给孩子提出的问题，他要么知道，要么就不知道；而对于你让孩子做的事情，他要么能做，要么就不能做。如果你等他回答你的问题，会让他觉得你希望他能回答你，会觉得自己正在接受考试。所以，你需要让阅读活动轻松、有趣。

**如果孩子"卡壳"了，你要随时将阅读接下去。**如果你让孩子给你朗读一页或者一页中的部分内容，可他没反应，或者他拒绝为你朗读，这时候，你需要立刻接着他读到的地方读下去。你不应该让孩子觉得自己失败了。同时，你需要让自己接续得不留痕迹，这样，孩子就会将你的行为看做阅读活动中很自然的一部分了，最后，你应该让自己的接续天衣无缝、毫不间断，从而，孩子在阅读活动中就永远也不会经历到或者预见到挫败感了。

**永远也不要将孩子的注意力吸引到各个词汇上去。**永远也不要对孩子说下面这类话："不对，你看看这些词汇。""再把那个词读一遍。""除了这个词，其他的词你读得都对。干得不错！"或者将引导孩子阅读的大忌说出来:"把这个词搞清楚。"不要忘了,你不应该将孩子的注意力引导到词汇上,而是应该培养孩子准确领会作者试图传达的信息。我们谈到的所有阅读活动都是为了鼓励孩子内在地尝试和领会预测的方法,以便他能成功预测出作者试图传达的信息。所以,你不要误解我们的本意,将孩子的注意力引导到专注词汇以及译解词汇上面。孩子必须自行找到如何策略性地收集字母信息以便使预测方法奏效的方法。永远也不要告诉孩子他应该怎么做才能获得出色阅读的能力。

**只要说得通,即使孩子的表述改变了原文,也不要干预。**出色的阅读者经常改变作者的原文,但是,这种改变是可以接受的,而且也是合乎逻辑的,改变以后的句子仍然说得通,听起来并不觉得别扭,而且也并没有根本性地改变作者的原意。对你来说,这一点做起来可能会很困难,因为这种"纵容"与大部分人认识的阅读原则——阅读就是辨识每一个词汇和所有的词汇——相悖。但是,我们要再一次说明,阅读并不是专注于词汇,而是预测作者试图传达的信息。你的目标就是鼓励孩子准确预测作者试图传达的信息——而不是让孩子精确辨识每一页上的每个词汇和所有词汇。只要你放弃告诉孩子如何才能获得出色阅读能力的企图,孩子的大脑自会发现正确的阅读之道的。

始终清楚自己作为教练的工作是什么。你应该将所有的技巧和阅读活动当作自己作为阅读教练的工作——帮助孩子——的工具和手段。你的工作就是下列内容:

- 确保孩子对出色阅读有一个正确的概念。
- 帮助孩子认识自己什么时候的阅读是出色阅读,什么时候的阅读不是。
- 承担让孩子成为出色阅读者的责任,不过,同时要将这种责任转移给孩子自己。他自己必须清楚，自己什么时候的阅读是出色阅读，什么时候的阅读不是，同时，他必须保持达到出色阅读目标的强烈愿望。

- 你和孩子以及与孩子一起对阅读材料进行互动，其方式要能让孩子取得出色阅读的目标。

孩子最终获得出色阅读能力的唯一途径，就是他能内在地将已经知道的信息与作者传达的信息联系起来，强化孩子对阅读材料内容的预测能力有助于孩子建立起这样的联系。作为孩子的阅读教练，你必须想尽办法让阅读材料的内容容易预测，以便孩子能自行预测到作者传达的信息。如果你能坚持不懈，那么，孩子就会认识到，阅读者的工作就是预测信息，从而，他自会准确地找到如何让预测方法奏效的方略并最终成为一个出色的阅读者。

## 运用其情节容易预测的图书的技巧

当你的孩子（无论其年龄大小）能持续而快速地成功阅读那些情节非常容易预测到的图书时，你就可以开始将那些其情节较为容易预测的图书引入到你们的阅读活动中来了。你可以从本书附录中的书目中选择图书。当你给孩子介绍和使用这类图书时，你可以应用我们在前面谈到的阅读其情节非常容易预测的图书的方法。有几种情况，你和孩子阅读其情节较为容易预测的图书时，所使用的方法与阅读其情节非常容易预测的图书稍有不同，有时候，你需要增加一些活动，以帮助孩子完成阅读过程。正如我们在前面讨论过的，你需要：

- 收集一些情节较为容易预测的图书，之后，让孩子来选择自己愿意阅读的书籍。
- 通过给孩子反复朗读，让孩子熟悉图书以及语言的重复性特点。

- 通过鼓励孩子"朗读"书中容易预测的部分，把孩子引导到活动中来。

阅读情节较为容易预测的图书时，你引导孩子参与进来的方式稍有不同，因为每页的内容都不是非常容易预测到的。如果你遵从我们前述的阅读活动指导原则，那么，你在让孩子参与到活动中来之前，你实际上已经将那本书给孩子朗读过几遍了，所以，阅读这类图书时，你只是让孩子朗读那些非常容易预测到的部分，同时，由你给孩子朗读其余部分。

## 技巧 1：将句子中不容易预测到的部分也扩展到阅读活动中来

当孩子的表现表明，他已经能成功阅读那些其情节非常容易预测到的部分以后，你可以偶尔让孩子阅读那些不太容易预测到的部分。你可以通过提示孩子如何运用图画中的信息和自己的知识来预测不太容易预测的情节的方式，来强化孩子对阅读内容的预测能力。下面的方式会有助于你与孩子进行阅读互动。

如果书上的原文写到："那个小男孩穿上大衣去外面了。"你可以问孩子："在这页上，那个小男孩想到外面去，可是，你隔着窗子看看房子的外面，在下雪！外面很冷。我想，他出去之前应该穿上大衣，你觉得呢？"

- 如果他回答"是"，你可以对孩子说："读一读这个句子。"同时，将句子指给孩子。
- 如果他迟疑不决，你可以提示孩子："我们说的是谁呢？"
- 如果他答不上来，你可以告诉孩子："那个小男孩。好了，你读一读。"

如果他仍然犹豫不决，你可以对孩子说："那个小……"（将声调拉长）

- 孩子会说："那个小男孩（之后，停顿下来）。"
- 你可以问孩子："那个小男孩在干什么呢？"
- 你的孩子会回答："正在穿大衣。"
- 你可以对孩子说："是的。你读一读。"
- 你的孩子会说出："那个小男孩正在穿大衣（之后，停顿下来）。"
- 这时候，你可以问孩子："他穿上大衣以后干什么了？画面没显示出来，可他后来干什么了呢？"
- 孩子会回答："去外面。"
- 你可以对孩子说："是的，现在，你能把整个句子都读出来了。"
- 孩子读道："那个小男孩穿上大衣（之后，停顿下来）。"
- 你可以对孩子说："之后……"
- 如果孩子接不上，你可以说："之后，去……（将声调拉长）"
- 孩子会回答："外面。"
- 之后，你可以对孩子说："对啦。那个小男孩穿上大衣去外面了。好了，现在你读一遍。"

随着你和孩子一起阅读的其情节不容易预测的图书越多，你需要给出的提示也就越来越少。无论什么时候，只要孩子看起来"卡壳"了，你都应该将句子读给孩子听，之后，再让孩子把那个句子读给你。

## 技巧2：总结关键点

提高孩子预测能力的另一个活动，就是总结已经读过部分的关键点。

这种方法可以按照下面的方式进行，你可以对孩子说："还记得吗，这个小鸭子一直在找妈妈。它找过了岩石下面，找过了谷仓后面，在鸡舍也找过了。可是，它就是找不到妈妈，所以，它很悲伤。这一页告诉你它都做了些什么，它为什么会很悲伤。你看看这个图画，现在，你读一读，我会帮助你的。"

你的孩子会读道："那个小鸭子哭啊，哭啊。"你可以对孩子说："很好！那是出色阅读吗？"

你孩子回答以后，你可以对他的回答表示赞同或者不认可，之后，你们应该继续到下一页的内容，或者让孩子把这一段再给你读一遍。

有时候，你可以偶尔将孩子已经知道如何通读的图书完整地再给孩子读一遍，也可以继续和孩子一起阅读那些情节非常容易预测的图书。当孩子发现自己几乎不需要你的提示就能将这些图书完整读下来以后，他们的自豪感就会油然而生。

### 技巧3：为出色阅读设定一个标准

在这里，我们要给你一个提示：不要误导孩子的大脑，对孩子的评价也不要言过其实。偶尔对孩子说"读得很好"并无大碍，即使孩子读得并不很出色，不过，在这种情况下，你最好让孩子"再读一遍"，或者换一种阅读方式——你给孩子朗读那一页，之后，让孩子给你朗读同一页的内容，直到孩子能出色地读完这一页为止。之后，你可以赞扬孩子说，他有多么聪明，你为他感到多么自豪，因为他知道如何阅读了！这样，孩子就能真切地感受到成就感，而且觉得自己理应得到这样的表扬。此外，你还应该注意下面几点：

- 通过让孩子更容易预测阅读材料内容的活动，帮助孩子获得出色阅读的能力。

- 帮助孩子学会判断自己的阅读是否出色。
- 为孩子重复朗读那些他已经掌握的图书创造机会（比如说，你可以在看报纸或者其他年龄稍大的孩子做作业的时候，让他自己通读那些图书）。
- 要清楚自己如何才能成为一个高效的阅读教练。你可以再研读一下以此为小标题的部分（"使用其情节非常容易预测的图书的技巧"部分的"技巧6：清楚自己如何做一个出色的教练"）。

## 给孩子介绍文字很少的低幼读物的技巧

文字很少的低幼读物其情节并不容易预测，因为它们没有重复性的语言，而且每页也没有多少文字。所以，你需要更经常地将这类图书读给孩子听，以增加孩子对故事内容的预测能力。当孩子阅读这类图书的时候，需要你给予更多的引导，因为对孩子来说，这类图书的内容更难预测。

无论孩子的年龄大小，只要当孩子阅读那些情节容易预测的图书时表现自如而且很有热情，就说明孩子已经为阅读文字很少的低幼读物做好了准备。你在和孩子一起阅读这类文字很少的读物时，可以使用在引导孩子阅读情节非常容易预测以及情节较为容易预测图书时所使用的技巧和方法。

当孩子试图从潜意识层面运用预测的阅读方法阅读文字很少的低幼读物时，或许，比起他阅读那些情节非常容易预测以及情节较为容易预测的图书来，他会更频繁地改变原文的语言。要记住，只有当孩子将原文的句子改得情理不通、使用的语言听起来很别扭或者显著曲解了作者本意的时候，他的改变才是错误的。

### 技巧1：当孩子的阅读出错时如何提示

下面的这些提示有助于你引导孩子更成功地阅读文字很少的低

幼读物：

- 如果孩子在阅读过程中犯错时，你可以对孩子说："那么读不通顺。再读一遍吧。"
- 如果需要，你可以给孩子指出句子的开头，这样，他就清楚应该从哪儿读起了。
- 如果孩子总是犯同一种错误，给孩子同样的三次提示以后，你可以将那个句子读给孩子听，之后，让孩子再将那个句子读给你听。
- 如果孩子还是以不能接受的方式改变原文，你可以对孩子说："你是这样读这个句子的……（像孩子那样将那个句子读出来）可是，书上的句子是这样的……（按照原文将句子读给孩子听）再读一遍吧。"

当你这么做的时候，孩子会注意到自己读出来的和原文的差别。

注意：无论在这个阅读活动中做什么，你都不要将具体的差别给孩子指出来，他需要自行发现这些差别。同样重要的是，如果孩子对原文的改变说得通、听起来也很自然，同时，也没有显著改变原文的意思，这时候，你就不要给孩子上述提示了。否则，会导致孩子过度专注于单一的词汇，而不是阅读材料的含义。适当地改变原文是孩子正在掌握预测阅读方法的迹象，这是阅读能力趋强的表现。

### 技巧 2：当孩子在阅读中"卡壳"时

当你让孩子阅读那些文字很少的低幼读物时，你可能会发现，因为故事的内容降低了可预测性，孩子常常"卡壳"，也就是说，他常常不能预测故事的内容，不能流畅地阅读下去。而当孩子能越来越熟练地使用预测的阅读方法以后，他就不再会"卡壳"了。此间，你需要运用某些方法将孩子的阅读从"卡壳"中解脱出来。

你的工作就是让故事的含义更容易预测，这样，孩子就能自己从"卡壳"的状态中走出来了。当孩子在阅读中"卡壳"时，你的自然倾向会驱使你帮助孩子辨识造成孩子"卡壳"的那个词汇，千万不要这样做！相反，你要清楚地认识到，自己的任务是给孩子一个机会——让他从学习阅读的开始就从潜意识层面找到自己应该如何做才能避免"卡壳"的机会。

你可以这样对孩子说："跳过（那个词汇），接着往下读。"之后，孩子会接着往下读，当他读到跳过的那个词汇或者短语以后的第一个标点符号时，你可以对孩子说："现在，再回到这个句子的开头，把它再读一遍。"

当你这样告诉孩子的时候，如果有必要，你可以给孩子指出想让他重新读一遍的那个句子的开头。孩子再次读这个句子的时候，如果他又一次"卡壳"了，你可以给孩子一些暗示性的提示。比如，你可以对孩子说："这是一种生活在沙漠中的动物，背上有两个峰，它不用喝水就可以走很远的路。"

你的提示需要很快提出。随着经验的积累，你给孩子提示的技巧也会越来越娴熟。如果你没想起什么提示，或者如果你给孩子的提示没有奏效，你可以直接告诉孩子那个词汇是什么，之后，继续往下读。孩子不需要"思考的时间"——因为这并不是猜谜游戏。

一旦孩子可以自己从"卡壳"的地方解脱出来，你就应该始终让孩子自己重读那个句子，不要干预。如果你需要将那个句子读给孩子听以帮助他通读成功，那么，只管读给他听好了。

注意：千万不要让孩子辨识那个让他"卡壳"的词汇。孩子的大脑需要从它选择的词汇中的任何部分自由整合任何有用的语音信息。

当你帮助孩子预测内容而给他提出暗示性提示的时候，他需要自由地在字母信息中"取样"。他可能会想："嗯……生活在沙漠中的动物，开头字母是'C'。"（英文的骆驼为"Camel"）或许，他的大脑也可能从这个词汇的最后一个字母"L"中找到最有用的信息！毕竟，以字母"L"结尾的动物名称并不多。就全新的阅读教学观看来，大脑会利用任何可供利用的信息以预测作者试图传达的含义。

帮助孩子从"卡壳"的地方解脱出来的方法，会让孩子的大脑找到有用的信息，同时，发现调用这些信息的方式。正如我们在前面讨论过的，辨识单一的词汇并不是大脑在阅读过程中使用的方式，大脑只是根据自己的需要在字母信息中策略性地取样。不要以告诉大脑应该做什么以及到哪里去寻找信息的方式误导它。当孩子逐渐能从"卡壳"的地方自如地解脱出来时，他的大脑会有足够的机会内在地意识到：为什么自己使用的预测方法在最初的阅读中并不灵验，以及如何做才能让这种阅读方式发挥效力。从而，当孩子再次读到这个句子时，他会立刻使用可以避免自己"卡壳"的阅读方法。

## 看到孩子的进步

如果你日复一日地运用前面谈到的技巧和阅读活动指导方法，同时，保持与孩子一起进行的活动轻松、有趣，没有将自己对孩子阅读能力进步的期望强加给孩子，那么，在三个月到六个月的时间内，孩子应该显示出早期阅读能力得到了开发的表征。在全新的阅读教学观看来，这些表征是：

- 比起其他活动来，孩子会经常自己选择阅读。
- 孩子的行为常常显示出，他很喜欢独立地阅读你给他提供的图书和有声读物。
- 当孩子自己阅读有声读物的时候，他的阅读可以跟上朗读的节奏，能在恰当的时候翻页。
- 当你们两人一起阅读的时候，他会热情高涨地参与到预测阅读材料含义的过程中来。

- 他会主动给你朗读自己已经掌握的图书。
- 他会在自己看重的人面前，甚至在客人面前，"炫耀"自己的阅读能力。


## "检修"

如果你的孩子没显现出任何上述表征的话，你应该如何做呢？或许，孩子取得进步的进程与你理想的预期有差距。阅读是个复杂的过程，也许，要预测故事的内容，他需要比你预想的更多的持续练习，即使是在阅读那些情节非常容易预测的图书时。下面的这些技巧或许有助于你为孩子发现并排除障碍。


### 技巧 1：放松，同时耐心

千万不要强迫孩子，也不要流露出你对孩子的阅读能力发展表示担心的情绪。这类行为可能会导致孩子对自己阅读能力的怀疑，孩子会因为让你失望而感到愧疚，从而增加孩子阅读时的紧张感，并进而造成孩子对阅读活动的抵触，或者索性对阅读失去兴趣。你的错误行为无意中给孩子传递出这样的隐含信息——他不能自行发现完成阅读的方法。

如果你确信自己并没有流露出对孩子阅读能力的担忧，同时，也没有对孩子表露出失望的情绪，那么，接下来，你就可以检视一下，看孩子是否明白以下两个根本性的概念了：

1. 词与词之间留有空白。
2. 朗读出来的词与书面词汇之间具有一对一的对应关系。

我们现在为什么要关注这两个基本概念呢？原因在于：你已经为孩子提供了让他从潜意识层面领会这些重要概念的大量机会，尽管你一直在出色地引导孩子培养自己的阅读能力，可是，如果他还没有显示出进步，那么，你就需要弄清他是否明了这些概念了。下面的这些技巧有助于你评估孩子是否明了这些概念，同时，如果他对此尚不清楚，这些技巧还有助于你帮助孩子了解它们。

### 技巧2：告诉孩子"书面词汇"的概念

找一本每页上只有几个词汇的书，如果你的孩子不能轻松自如地数出每页上的词汇数量，那就说明他尚未为下面的活动做好准备。你可以让孩子数出每页上的词汇数量，如果他数对了，那就说明他对书面词汇已经有了正确概念；如果数不对——表现为数字母的个数而不是词汇的个数——那就说明他需要弄清书面词汇的根本性原则。

你可以告诉孩子，你知道如何统计词汇数量，因为词与词之间有较大的空白空间，而字母之间则没有。你可以用一本书告诉孩子词与词之间有空白，而在一个词汇中，字母是"挤"在一起的。之后，你可以让孩子再数一遍。

- 如果他开始数的时候是数字母的个数而不是词汇的数量，那么，你应该在他数第一个词汇的最后一个字母的时候让孩子停下来，之后，告诉孩子："你数字母数得很好，可是，我让你数的是词汇的个数。还记得词汇是怎么数的吗？"

- 如果孩子回答不上来，你可以给孩子示范如何数词汇的个数，再次告诉孩子，词与词之间有空白。你可以对孩子说："你看，这些字母是'挤'在一起的，而每个词之间有很大的空白。这就是我为什么知道这是一个词（用手指指着一个词），而这是一个字母（用手指指着一个字母）的原因。现在，我要把这一页上的词汇数出来，你看着我怎么数。"之后，你数词汇的个数，同时，用手指指着每个词汇。

翻到另一页，然后，让孩子数这一页上的词汇数量。如果需要，你可以帮助孩子统计。在不同页上反复尝试，直到孩子可以自己正确数出词汇的数量为止。如果孩子就是看不到词与词之间的空白，那么，他可能会有视觉或者视力上的严重问题。我们将在本书的第八章详述这个常常被人忽略的问题。

当你的孩子总能正确统计出词汇数量的时候，你可以让孩子统计其中有词汇"a"或者"I"的句子中的词汇数量。

- 如果孩子可以正确数出包括这些单字母词汇在内的词汇数量，你可以对孩子说："我本想考考你，因为这些词（用手指指着单字母词汇）只有一个字母，可没想到你知道它就是一个词！你可真聪明！"
- 如果孩子数得不正确，你可以对孩子说："这个词很有意思，因为它只有一个字母（用手指指着单字母词汇），不过，我们还是知道它就是一个词汇的，因为它的前后都有空白（用手指指着单字母词汇前后的空白）。"

你可以让孩子数更多含有单字母词汇的句子中的词汇数量。当孩子总能正确数出其中的词汇数量以后，你可以对孩子说："你数得真棒！我再也考不住你了，是吧？"

一旦你能确信孩子已经有了书面词汇的正确概念以后，你就可以开始评估他是否也有书面词汇与口头词汇之间一一对应关系的概念了。

## 技巧3：告诉孩子口头词汇与书面词汇之间一一对应的关系

你需要评估孩子对每页上的书面词汇与将这些词汇朗读出来的口头词汇之间一一对应关系的了解程度。你可以再找出一本其情节非常容易预测而且其中的句子很短的图书给孩子朗读。之后，你可以让孩子朗读，或者与孩子一起完成句子中不太容易预测的部分。当孩子朗读的时候，你应该留意他完成每个句子所使用的词汇数量。如果他在只有几个词汇的句子中总是加进太多的词汇，或者只用很少的词汇完成较长的句子，那就说明他还没有书面词汇与口头词汇一一对应关系的概念，这时候，你就应该介入了。

你可以先给孩子朗读情节非常容易预测的图书，之后，让孩子统计词汇的数量。当孩子数完之后，你可以让孩子看着你的手势，当你再次朗读这个句子的时候，每读出一个词就伸出一个手指，然后，让孩子统计你伸出的手指个数。

你可以对孩子说："当我读这个句子的时候，我读出的词与书上的词数量是一样的。"

你需要注意这个活动的目的，不要将孩子的注意力转移到单个词汇上，你的目标是向孩子说明，书面词汇的数量与朗读出来的口头词汇的数量具有直接的一一对应关系。

时刻留意，这个活动的目的并不是鼓励孩子在阅读的过程中在脑子里重现每个词汇，而是帮助孩子认识到，朗读出来的词汇与书面词汇之间有一种对应关系，他的任务就是找到这种对应关系的特点。

现在，你们可以进行到下一页了，你可以将下一页的内容读给孩子听，同时，让孩子注意看你的手势，当你重复朗读一个句子的时候，每读出一个词就伸出一个手指，然后，让孩子统计你朗读出了多少个词汇，之后，让孩子统计页面上那个句子中的词汇数量。你可以用其他页面将这个活动重复做两三次，直到你确信孩子已经掌握了这个方法为止。

注意：让孩子建立起书面词汇与朗读出来的口头词汇之间一一对应关系概念的活动并不是必要的。

培养孩子建立起书面词汇与口头词汇之间一一对应关系的感觉当然很好，大部分孩子都能轻易做到这一点。当你们利用情节非常容易预测的图书进行这个活动时，如果孩子搞不清这种关系，那么，让孩子弄清两种词汇之间的对应关系或许对孩子很有帮助；但是，如果你们可以很顺利地利用情节非常容易预测的图书进行这个活动，那么，你就不要运用这种技巧了，而且永远不要重复进行这个活动。过度进行这种活动可能会给孩子造成错觉——你想让孩子在阅读过程中专注于词汇。

一旦你能确信孩子已经建立起来书面词汇与口头词汇之间的对应关系，不过，孩子在阅读上依然没有任何进步，那么，你就应该客观检视一下自己的教学技巧了。

### 技巧4：评估自己

自我检视很重要。很可能，你没能顺畅、不留痕迹而有效地与孩子进行这类活动、运用这些技巧，从而让孩子觉得做这些活动很不自在，也许，某些外部因素削弱了你的教学效能。所以，你要确保自己与孩子进行的这类活动方法得当，而且你所使用的方法让孩子觉得很有乐趣。同时，你还需要确保没有其他任何一个人——临时保姆、托儿所保育员、亲戚、学前班老师，等等——让孩子在阅读过程中将注意力集中于单个词汇上面。此外，你还需要确保自己不给孩子施加任何压力，不要让孩子担心自己会让你失望。

如果你确信自己的教学方法是适当的，可孩子依然没有取得任何显著的进步，那么，只有两种可能：第一，他对阅读尚无兴趣；第二，孩子有阅读能力上的某种真正障碍。

### 技巧5：如果孩子对阅读尚无兴趣你该做些什么？

如果孩子对阅读兴趣索然，你可以持续读给孩子听，阅读材料包括那些情节非常容易预测的图书，偶尔，你也可以和孩子一起做一些阅读活动。在这个过程中，你需要让阅读和相关活动轻松自如，不要让孩子感觉到自己是失败的——事实上，他也并没有失败。你要让互动活动始终生动有趣。孩子之所以对阅读尚无兴趣，是因为他的大脑现在还不想进行这类活动，很可能，他正在想其他的事情。所以，不要忘了，如果孩子在既没有兴趣又没有准备好的前提下就强迫孩子参与到这类活动中来，那么，你的行为很可能会削弱孩子阅读的愿望，甚至给孩子传达出这样的错误信号——自己是失败的。

### 技巧6：如果孩子存在真正的阅读障碍你该做些什么？

阅读能力发展较为普遍的障碍有如下几点：人们认为阅读就是逐一译解和辨识每个词汇；缺乏足够的语言技巧；削弱阅读愿望和干扰阅读注意力的视觉问题；顺畅阅读过程中协调、综合的问题以及大脑功能的缺失。在大多数情况下，这些问题都能在全新阅读教学观和全新阅读能力培养观念的指导下得以解决。解决这些问题可能性的详细论述参见本书第八章的内容。

## 代表六种图书的书目

在本书的附录部分，你可以看到某些书目，这些图书是正确阅读公司多年来用于帮助儿童学习阅读以及帮助有阅读障碍的读者消除其阅读障碍所使用的图书。图书共分为六个重要的类别，我们在前面已经讨论过了。当你找到这些书目中的部分图书（通过图书馆、书店或者网上书店）并熟悉了每种图书的特点之后，你就可以开始着手寻找其他拥有同样特点的图书了。

## 如何应对那些认为简单图书"过于简单"的孩子？

偶尔，我会遇到那些觉得简单图书——包括我们在附录中罗列的图书——"过于简单"的孩子，我一位朋友的女儿就是个很好的例证。当我告诉这位朋友如何鼓励他五岁的女儿学习阅读的时候，我给他拿出了几本情节非常容易预测的图书。他的反应是："噢！

我女儿不会对这类图书感兴趣的，这些书对她来说太简单了。现在，每天睡前我总是给她读哈里·波特，她很喜欢。她不会喜欢这些图书的。"

我的这位朋友说得有道理，不过，我让他问问自己的女儿是否想学习阅读，如果她说："想学!"那么，我建议他告诉女儿，如果他们一起读些书，或许对他女儿会很有帮助的。因为这种阅读的目的不同，所以，我让他给女儿准备一些情节非常容易预测的简单图书。你不要让她根据自己的兴趣来"判读"这类低幼读物，相反，应该准备让她完全沉迷于发现完成顺畅阅读复杂过程的活动中去。

除非孩子提出了排拒这些低幼读物的重要理由，比如，他对你说："我不喜欢这种图书，这些书太不刺激了。"否则，你都应该尝试让孩子阅读这类读物。不过，你在给孩子介绍那些情节非常容易预测、情节较为容易预测以及其中文字很少的图画书时，不要告诉孩子你让他阅读这类图书的目的，你不应该让他意识到他参与的活动是你认为有助于培养他阅读能力的活动，这么做并不必要，而且也不合乎孩子的意愿，他更喜欢自己发现如何完成顺畅阅读的方法，因为他很看重这一点。如果孩子很喜欢阅读低幼读物，你永远都不必告诉他让他阅读这类读物的目的。

PART THREE

Challenges to Reading Development

第三部

# 培养阅读能力的障碍

# Read Right!

这一部分主要讨论当父母和老师为培养孩子的阅读能力而创造坚实基础时会产生什么问题。哪些环节会潜在地阻碍孩子获得出色阅读的能力呢？阅读障碍在形成过程中有没有早期的警示信号呢？父母和老师如何在无意中阻碍了孩子阅读能力的发展呢？在以下的章节中，你会找到上述三个问题的答案。

# 第八章

# 辨识和征服阅读能力发展的真正障碍

1999 年，苏珊·霍尔（Susan Hall）和路易莎·缪茨（Louisa Moats）提出了导致阅读障碍的四个原因：（1）词汇识认困难；（2）不能将词汇分解为相互独立的读音（音素）；（3）因为不能快速而准确地辨识词汇而造成的顺畅阅读困难和理解阅读材料困难；（4）遗传原因。请注意，在以上阻碍有效阅读的四种障碍中，有三个与同一种原因直接相关——那就是不能识认词汇。

而从"互动构建者"的观点看来，影响出色阅读能力发展的障碍则完全不同，阅读障碍与识认词汇的能力无关，而是完全取决于最初是如何学习阅读的。你从本书第三章的内容已经了解到，你获取的所有知识和概念都会经过编码的过程存储到大脑中，而大脑编码存储的介质从结构上看很像由藤蔓和树枝构成的浓密丛林。为此，我们可以用迷失在丛林中的比喻来讨论阅读的真正障碍问题。

一个孩子——我们以一个女孩为例来说明——之所以在丛林中迷失，可能有几个原因。首先，她可能过度专注于某一条并不能将自己带出丛林的小路。其次，可能没有任何一条小路可以将她带出丛林，而这个女孩尚未意识到，她必须在某些树上刻下标记，从而辟出一条走出丛林的道路。第三，她可能已经厌倦了自行寻找出路的工作，索性放弃了努力。第四，丛林中的某些东西可能不断让这个女孩感到迷惑，导致她在寻找出路的过程中错误频出。最后，她可能受伤了，所以，无力找到出路。

从"互动构建者"的观点看来，阅读能力发展的障碍与上述可能造成孩子在丛林中迷失的五种情形类似：

1. 错误的指导和错误教学方法导致孩子将专注于词汇当作了阅读的主要内容（女孩过度专注于某一条并不能将自己带出丛林的小路）。

2. 没有认识到习得出色阅读能力的唯一途径就是：建立一个出色阅读的适当概念，同时，朝着出色阅读的标准努力，直到达到标准为止（没有任何一条小路可以将她带出丛林，而这个女孩尚未意识到，她必须在某些树上刻下标记，从而辟出一条走出丛林的道路）。

3. 缺乏学习阅读过程的足够愿望，最终导致放弃（她可能已经厌倦了自行寻找出路的工作，索性放弃了努力）。

4. 对信息处理的严重混乱状态阻碍了大脑轻松、自如地解读信息，或者削弱了大脑切换神经网络的能力（丛林中的某些东西可能不断让这个女孩感到迷惑，从而，导致她在寻找出路的过程中错误频出）。

5. 严重的大脑损伤、缺陷或者畸形削弱了大脑的功能（那个女孩可能受伤了，所以，无力找到出路）。

这些导致阅读障碍问题的潜在原因完全不同于只是不能识认词汇，不是吗？下面，我们逐一讨论各个原因。

## 阅读障碍的首要原因：专注于辨识词汇

我们还是回到那个丛林的比喻。想象这样一种情形，一个女孩将注意力越来越多地投注在远处的某一棵树上，她对这棵树如此专注，以至于根本没有看到自己左侧和右侧的小路！她不再继续探询其他出路，相反，这个孩子顽固地将注意力完全投向了吸引她径直走过去的那棵树。在这个过程中，她视而不见地走过了所有的其他小路，甚至根本没有意识到那些小路的存在。

从比喻的角度说，这就是孩子在阅读过程中，将把注意力完全集中于单个词汇的辨识当作了顺畅阅读主要活动时所发生的情形。如果她的注意力只是集中于词汇的译解，或者沉迷于任何其他将其注意力持续吸引到词汇识认上面的阅读方式，那么，她就找不到通往出色阅读的道路。

还好，尽管很多人在某些时候曾经接受过译解词汇的阅读指导，不过他们最终还是学会了阅读，但是，他们之所以学会了阅读，是因为这些人的大脑暗中走向了一条完全不同的道路——他们尝试了用其他方式运用收集到的字母信息。因为大脑具有神奇的功能，所以，它在潜意识层面完全有能力在某些时刻"不去注意"那棵树，同时探寻其他出路。那些选择了进行这种内在尝试的孩子，有机会发现更有效、更实用的阅读方法，这也是更有价值的发现。

在阅读的过程中，如果你的孩子开始探究词汇的意思或者用手指着正在阅读的词汇，那么，你需要立刻提起注意。阅读时，用手指指着读到的词汇一直是最常用的学习方法，同时，这也是你的孩子在阅读时专注于每个词汇的表现。事实上，就从一个句子的什么地方策略地"取样"以预测作者试图传达的信息而言，她的大脑需要自己作出自由决定。如果你发现孩子没有将全部注意力集中于作者传达出的信息上，那么，增加一些与孩子一起做本书第四章到第七章介绍的那些阅读活动的时间就变得异常重要了。

当你和孩子一起做那些练习和活动的时候，无论什么时候，只要孩子试图译解词汇或者用手指指着阅读到的词汇时，你都需要将孩子的注意力从词汇的识认上重新转移到领会阅读材料的含义上面。比如：

- 你可以对孩子说："把这个句子再读一遍，这次，不要试图弄清词汇的意思，而是想一想这个句子的含义。"
- 或者说："不要试图弄清这些词汇的意思，把这个句子再读一遍，而且要感觉轻松地读。"
- 或者说："千万不要用手指指那些词，即使老师让你这么做。其实，不用指着那些词，你一样可以朗读得很好。"

（如果这么要求孩子有问题的话，你可以鼓励孩子让老师和你谈谈）

- 或者说："放松些，还是欣赏故事吧，不要担心那些词，只管告诉我这页都说了些什么吧。"

你需要清楚一点，当孩子开始上学以后，她几乎不可避免地要做某种旨在帮助她的大脑译解词汇、"死抠"词汇以及识认词汇的练习。当孩子进入这种环境以后，至关重要的一点就是：你一定要继续与孩子一起做本书谈到的那些确保孩子的阅读不致走向歧途的练习。有关这一点，我们还将在第九章详述。

## 不能建立出色阅读的正确概念

不妨想想下面这个问题：基于你对自己的了解，在发现正在做的事情于事无补之前，你认为自己需要在丛林中游荡多长时间？五分钟？一个小时？还是一天？我能肯定的是，有些孩子（也包括某些成年人）会在失败中徘徊一辈子，也不去尝试解决阅读障碍问题的其他新途径。令人悲哀的是，他们渐渐相信，自己根本无力解决这些问题，从而，不再寻求其他更好的途径。

我自己就在如何利用广为接受的现存阅读指导方法帮助我儿子解决阅读障碍问题上浪费了大量的时间。有几个月的时间，我儿子的学校一些很好的老师和我完全陷入了试图用同样并不奏效的方法帮助我儿子的恶性循环。直到我的大脑与一个看似与我儿子的状况毫不相干的某个事情"联结"起来之前，这种循环一直没有停止，就是从那件事情中我最终意识到，一定有一个更好的办法可以消除我儿子的阅读障碍。还记得我说的那件事吗？有一天，我朋友的汽车"第 N 次"抛锚了，她宣称："一定有那么一个修理工，他完全知道如何弄好我的汽车！"

虽然并没有这样一个"修理工"知道如何解决我儿子的阅读障碍问题，不过，我确信，解决我儿子问题的知识一定存在，只是我必须找到它们。那时候我意识到，我必须舍弃那些炙手可热的阅读理论家们设定的出色阅读标准，并进而探寻全新的出色阅读标准。

对出色表现的追求可以促进任何能力的发展。相反，如果人们将目标定位于低于出色标准的标准（这类标准通常意味着维持现状），就会阻碍任何能力的发展。当我们满足于"已经足够好了"的时候，我们的发展路径就被设定了。直到我们认识到我们选择的路径并不"足够好"之前，我们都不会舍弃"足够好"的道路去另辟蹊径。如果没有任何先天性的严重身体残疾，迷失"丛林"中的人之所以迷失，部分原因在于他或她还没有意识到自己必须开辟一条道路。人们必须自己取得成功，这常常意味着他们必须选择一条自己从未走过的道路。

那么，什么行为会造成你的孩子不能建立起出色阅读的概念呢？下面三种行为就是原因所在：

- 当孩子的阅读表现并不出色的时候，你却告诉孩子他的阅读很出色。
- 无论孩子的阅读表现是否出色，你都给予表扬。
- 当孩子的阅读表现并不出色时，你对此视而不见。

要想从最重要的角度来理解出色阅读，正在发展阅读能力的阅读者必须从潜意识层面尝试出色阅读。如果你完全遵从第七章谈到的那些阅读指导技巧，那么，你的孩子就会自己尝试出色阅读的过程。之后，如果你始终鼓励他坚守出色阅读的标准，那么，每次阅读的时候，他功能神奇的大脑就会按照不低于出色标准的标准来运作。

## 缺乏强烈的愿望

谁或者什么事情在决定着你的愿望？是有意识层面的"你"吗？还是潜意识层面的"你"？这可是一个重大的问题。我们大都相信，我们能有意识地掌控自己的所有行为，但是，事实是，我们某些方面的行为是受制于潜意识的。我们从表面上可以表现为拥有某种愿望，不过，真正指引我们行为的却是潜意识层面的意愿。

潜意识的意愿在任何人的头脑中都是一股强大的力量。某些特定的行为可以帮助你判断孩子的阅读障碍问题是不是源于低落的愿望。愿望低落的孩子会有如下表现的一种或者几种：

- 他对你让他做的事情表示抵触。
- 他常常与你持不同见解，或者怀疑你、与你争论。
- 当他和你一起做活动的时候无精打采。
- 他总是想指导活动的进行，尽管他并没有这种能力。
- 他完全拒绝"看和学"的活动。

愿望是一股强大的自然力量——精神力量。正是凭借愿望的力量，人类建造了金字塔、登上了月球，也是借助愿望的力量，人类挺过了无数苦难。以互动构建者的观点来看，强烈的愿望实际上是驱动人们学习的动力。

如果你的孩子表现为愿望低落，首先，你需要考虑一下，你是不是将让他很早就学会阅读的意愿强加给了他，从而，当孩子没有按照你的时间表达到目标的时候，你表露出了失望的情绪。其次，如果你并没有将自己的意愿强加给孩子，你需要检视一下，你是否在孩子身上妥当地运用了第五章介绍的那些阅读指导技巧。无论是哪种情形，你都应该立刻停止运用第六章和第七章谈到的那些技巧，同时增加一些做第五章介绍的那些练习的时间，直到孩子在阅读过程中显露出足够的兴趣和愿望为止。

## 处理混乱和"切换"问题

要想理解我们生活的这个世界，人们的大脑必须要能妥善处理听觉信息和视觉信息，同时，大脑还必须要以容易调用信息以及理解信息的方式，计划、掌控和协调神经性行为。要想出色阅读，无论是对感官信息的适当处理，还是妥当地"切换"神经系统，都是必不可少的。

### 听觉信息处理

目前，有些炙手可热的阅读理论家认为，对听觉信息处理的困难——也就是不能听清别人说话的障碍——会导致阅读障碍的发生。此外，很多阅读理论家宣称，当我们与他人谈话时，将离散的各个音节组合到一起从而构成一个词汇的直接能力是阅读能力开发的基础。这些阅读理论家认为，他们称之为"音素意识"的缺失是导致阅读失败的重要缘由。如果说这些理论确凿无疑的话，那么，为什么有些聋儿可以学会阅读呢？是的，按照他们的理论，聋儿确实不能学会阅读。另外，如果说听力正常的孩子在潜意识层面不知道必须将离散的音节组合起来才能与人谈话，那么，他们为什么没有在自己的谈话中显露出来呢？此外，如果说孩子不能有效处理谈话中的语音信息，那么，他们怎么可能学会正确发音呢？

正确阅读公司在指导数千名有阅读障碍的成年人和孩子的过程中，我们很少发现有哪个人同时也有发音的障碍，事实上，绝大多数有阅读障碍的读者都是出色的交谈者，他们可以正确地朗读每一个词汇。

以互动构建者的观点看来，如果你的孩子可以自如表达自己的想法，那么，他就拥有了学会阅读所需的所有内在语言知识——也包括语音的知识。为完成阅读，他所需要做的所有准备，就是学会将某些特定的发音与发这些音节的字母联系起来（并不是字母表中的所有字母，只需知道那些读音"稳定"的字母就足够了，参见第六章内容）。所以，对于所谓的"听觉信息处理问题"或者"语音认识能力缺失问题"，你大可不必担心。

如果你的孩子不能正确读出某些特定的音节该怎么办呢？这种情形往往只涉及一两个音节，在某些极端情况下，孩子有可能不能正确读出更多的音节，从而他的谈话很难让人听明白。无论哪种情况，你都不必担心孩子的阅读能力潜力，因为阅读时我们使用的是眼睛，而不是用耳朵。出色阅读并不是大脑通过译解词汇的过程来完成的，而是直接来自于对作者试图传达的信息的正确预测。

**听觉障碍或者语言处理障碍的可能信号。**如果你的孩子不能正常读出所有音节，或者，孩子似乎不能通过语言自如表达自己的想法，那么，孩子就可能有听觉信息处理或者语言信息处理的障碍，你可以看到如下表征：

- 他可能口齿不清。
- 说话时，他可能不能正确读出某些音节。
- 口头语言可能让他感到困惑。
- 他可能有辨识口头语言的障碍。
- 很大的声音可能让他感到厌烦，表现为对声音的抱怨或者捂住耳朵，这些行为表明孩子有音量控制问题（控制音量问题以及/或者控制声音的类型问题）。

**帮助孩子解决听觉障碍或者语言处理障碍问题。**只有有资格的专业人士才能正确判断这类问题。为了帮助孩子解决正确发音问题或者帮助孩子解决任何有关语言的问题，你可以向语言表达专家咨询并寻求指导。不能得到解决的语言表达问题或者语言发音问题可能造成孩子在群体中的难堪，在某些极端情况下，甚至会造成孩子缄默不语。不过，以互动构建者的观点看来，不能清楚说话并不会直接导致阅读障碍的发生。

对年龄稍大些的孩子，语音专家可能会利用识字卡片作为矫治发音问题的工具，不过，你需要知道的是，这种活动——让孩子的注意力集中于书面文字——可能会给孩子发出这样的潜在信息：专注于词汇是阅读的必由之路，从而，成为阅读障碍发生的隐患。因此，你应该让语音专家避免使用任何让孩子从识字卡片或者词汇表中逐一辨识词汇的训练方法和活动。

那么，你在家里能通过某些活动消除孩子产生语言问题的隐患吗？当然能！你可以在家里创造这样一种环境——孩子听到的谈话始终是目的明确的，同时，也希望孩子能用目的明确的语言与你交流。

## 视觉信息处理

对阅读能力具有潜在影响的另一个感觉系统是视觉信息处理系统。这一点看似再明显不过了，但是，令人惊异的是，很多阅读专家和医生并不认为这一系统的障碍对阅读障碍的发生会产生影响。这种观念已经受到了质疑。

所有人都清楚，要想阅读，阅读者必须能看到书面文字，不过，这并不是我们在这里要讨论的视觉信息处理问题，而是视力问题——看清视力表上的字母的能力。视力问题是由眼科医生和验光配镜师通过传统的近视眼镜、远视眼镜以及矫正散光的眼镜来处理的问题。那么，视觉信息处理问题指的是什么呢？这个问题要复杂得多，因为它与眼睛的生理机制几乎毫无关联。相反，视觉信息处理问题涉及大脑的深层结构，同时，与我们的感觉（理解能力）以及思考过程（认知能力）密切相关。比如，视觉信息处理问题可能表现为读者看到的书面文字"不稳定"，或者大脑的过度活动以及不适当的大脑活动使读者很难掌控视觉认知过程。视觉信息处理问题不能用传统的眼镜得到矫正。

以互动构建者的观点看来，视觉信息处理问题不会导致阅读障碍的发生，相反，它们可能以一种非常"狡猾"的方式给阅读障碍问题雪上加霜。当孩子很难掌控自己的视觉认知过程时，有时候，他会因为花费了很多精力试图控制那些发生在大脑中的不适当活动而感到眼睛疼痛疲劳、头痛和疲乏，具体表现为他的阅读能力远远落后于同龄的同学。老师常常就此以为，孩子的阅读能力低下是因为学生的阅读存在某些方面的障碍，比如，译解词汇的障碍等，从而会变本加厉地告诉孩子专注于词汇。如果孩子的问题依然得不到解决，老师会给孩子提供更多的"帮助"，比如，更多的语音练习、更多的词汇译解活动以及"死抠"词汇的活动。你能看到老师这种进退维谷的情形吗？孩子的实际问题是信息处理问题，但是，老师对孩子的指导则让孩子将注意力更多地直接集中于单个词汇的辨识上面！随着孩子的注意力越来越多地转向词汇的辨识过程，他就越来越没有机会用其他方法学会顺畅阅读了。而在一个更适合的环境中，尽管孩子存在某些视觉信息处理问题，不过，她的大脑活动会被引导到通过在字母信息中"取样"从而发现一个适当阅读方法的过程中去。可事实上，孩子所接受的指导却不断让其专注于词汇。

这类孩子最终会出现两种能力缺失：一，原因不明的视觉信息处理问题；二，在孩子构建用于指导阅读的神经通路过程中，强度逐渐增加的阅读指导造成孩子的大脑专注于错误的行为方式。

**视觉信息处理障碍的可能信号**。在某些情形下，有视觉信息处理障碍的孩子会有如下一种或多种表征：

- 他可能抱怨自己看到的书面文字"在动"，抱怨自己看不清书面文字，不过，视力检查没有任何问题。
- 他可能在抓握球体的活动中表现得异常笨拙或者非常困难，表明孩子的洞察力存在某些问题。
- 他可能对自己看到的东西大感困惑，做那些从画面中发现

"隐藏"画面活动时表现很差。

- 当孩子阅读或者做其他需要仔细观察的活动时，他可能常常有如下一种或多种表现：（1）手搭凉棚；（2）遮住一只眼；（3）有意歪头；（4）总是揉眼睛；（5）总是疲劳不堪。

**帮助孩子解决视觉信息处理障碍问题。**如果看到孩子出现了上述行为，父母应该如何做呢？出现任何视觉信息处理障碍问题的孩子都应该进行一次彻底的视觉功能检查。尽管并不多见，不过，视觉问题确实也有可能与严重的身体健康问题密切相关，孩子的儿科医生可以通过专业检查排除这种可能。

不过，视觉信息处理问题确实是个复杂的难题，各种完全相左的观点并存，在人们中间，甚至在专业人士之间，对此也是众说纷纭。眼科医生们并不认为视觉信息处理障碍问题与学习能力和阅读能力发展有什么关联，他们提出了某些有争议的观点，认为自己不应该收治那些有视觉信息处理障碍的病人。但是，我们需要弄清楚的一点是，这些人的专业领域是眼睛的生理结构，并不是大脑的深层机能，而视觉信息处理障碍问题恰好是由大脑功能造成的。

同样，很多验光配镜师也怀疑是否存在视觉信息处理障碍问题，所以，也不愿意为患者提供超出常规检查的其他检查。不过，有一小部分有资格施治视觉信息处理问题的验光配镜师承认这类问题的严重性，同时，愿意收治这类患者，只是治疗费用高昂，而且治疗效果和治疗方法尚无定论。

一小部分心理学家和教育家认为，某些孩子的视觉系统对某些照明条件——包括教室里最常用的荧光灯——非常敏感，由照明原因引发的视觉问题称之为"爱伦综合征"（Irlen Syndrome）或者"暗光敏感综合征"（Scotopic Sensitivity Syndrome）（暗光敏感指不适应亮光，但较能适应暗光。由于某些有阅读问题和知觉问题的人对白色光谱的波长特别敏感，爱伦认为，视网膜上某些特定的细胞会因而变得过分敏感，从而会将不正常的信号送达脑部。这种问题出现在某些有学习/阅读障碍、自闭症和其他功能发展障碍者身上，感到印刷文字模糊、双重影像、扭曲、移动，并伴随出现头痛、晕眩、阅读困难等问题。——译者注），如果照明条件与他们的视觉系统"不匹配"，那么，这种综合征就会使他们在处理视觉信息的过程中出现问题。有关这种综合征的证据和观点同样众说纷纭，而且治疗费用昂贵。

所有这些群体都各持己见，都对对方谈到的问题、诊断方法以及提出的治疗方案的有效性相互攻讦。很显然，专业领域中的状况乱作一团，却希望孩子们端坐在教室里自行应付视觉信息处理障碍问题，此外，这些孩子从医疗机构、视觉专业领域以及教育界得到的帮助很少或者几乎没有。

如果你想证实孩子是否有这类视觉信息处理障碍问题，需要评估孩子是否能在教室那种明亮的照明条件下轻松、自如地做那些需要目不转睛的活动。传统的视力检查通常是在光线暗淡的房间内进行的，同时，需要借助某些检测设备，而这些设备和检测过程与孩子们在教室里所做的那些需要让眼睛与阅读材料之间保持较近距离的阅读活动几乎没有任何关系。

那么，在科学家弄清视觉信息处理能力在学习过程和阅读能力开发过程中所扮演的角色之前，你能做些什么呢？首先，你需要对孩子的行为保持密切注意，要留意孩子开始学习阅读时，是否有视觉信息处理问题的表征，不过，你大可不必为此忧心忡忡！就我们公司积累的指导那些有阅读障碍的读者的经验而言，当阅读者的大脑能够完成阅读所需的所有反应时，视觉信息处理障碍很少能阻碍人们成为出色阅读者。或许，这类障碍可能会延迟人们成为出色阅读者的进程，可能成为某种身体不适的缘由（比如，眼睛疲劳、疲乏以及头痛等），不过，这些学生依旧可以成为出色阅读者。

**有益孩子视觉系统健康的活动。**如果你想让孩子有一个健康的视觉系统，常识告诉我们，孩子应该常做些需要综合性运用视力的活动，看电视或者看录像并不需要综合性地运用视力，因为孩子在看电视的时候是被动的，并不需要孩子专注于电视屏幕上的某一个特定区域。确实需要综合性运用视力的活动有以下几种：

- 专注于书面文字（当你给孩子朗读的时候，当孩子开始自己尝试阅读的时候，让孩子跟着看你读到的或者他自己看到的文字）。
- 做些需要视力高度集中的拼图活动或者其他艺术活动。
- 让孩子做些任何你认为可以拓展孩子识别范围的活动（识别范围是指专注于活动时，他的大脑接受的信息量）。

你的孩子可能从早期阅读白纸黑字的阅读材料中大获裨益。黑色文字印刷在白色纸张上对视觉系统具有强化作用，因为这种形式需要阅读者留意更广阔的范围，同时，阅读时需要处理大量的直线、弧线信息，而且文字与背景对照鲜明，所有这些都会使阅读者的视觉信息处理过程变得更为复杂。如果视觉系统确实是可以调适的话，就像我们在第一章中谈到的那些视觉体验，那么，我们就有理由相信，孩子从很小的时候就参与一些复杂的视觉训练活动会有益于孩子的视觉功能发展，而一个已经掌握了复杂视觉功能的大脑就为从字母信息中有效"取样"做好了充分准备。

白纸黑字的阅读材料既能拓展孩子识别的范围，又能有效调适视觉系统，基于这一观点的最好活动，就是刊登在《儿童精粹》杂志（*Highlights for Children*）中的"寻找隐蔽画面"练习。孩子们都很喜欢这个杂志，而且对在简单图画中寻找隐藏物品的活动乐此不疲。最初，你可以和孩子一起愉快地做这种活动，当孩子知道如何做以后，她会自己去做的。有益于视觉能力发展的其他活动还有"走迷宫"、"连点"以及让孩子将画面中缺失的线段画出来以完成图画的活动。

就像从事儿童工作的其他教育家和专业人士一样，我也同样迫切地关注着视觉信息处理问题以及与之相关的矫正方法。只要这些矫正方法和治疗方案并不涉及阅读指导，那么，它们就不会影响孩子阅读能力的发展。任何可以让孩子在阅读时感到更自如的矫正方法——尤其是当孩子更自如的阅读体验使孩子更愿意在读书上花更多的时间时——都值得考虑。

### "切换"的效率和效能

除了感觉系统存在信息处理问题以外，有证据表明，有些孩子可能在神经网络的"切换"上存在问题。要想完成顺畅阅读的过程，大脑的执行功能必须要把自己引导到如何预测或者预见的过程中去，这一过程需要将理解作者试图传达的信息的所有行为整合到一起，这一复杂过程发生在潜意识层面。

最近，在数学研究领域的学者证实，那些发生学习障碍的学生存在认知转换问题。R. 布尔（R. Bull）和 G. 瑟里夫（G. Scerif）发现，有数学学习障碍的学生主要的问题在于不能将某一个旧方法有效转换为新方法，也就是说这些学生的大脑执行功能不够完善。

在阅读能力学习的互动构建者观点看来，当大脑保持出色阅读的高标准时，与大脑执行功能有关的问题自然会迎刃而解。要想有效阅读，大脑必须修正自己的"切换"问题，大脑可以通过调用自己的精神力量而使这类问题得以消解。

## 大脑损伤、功能缺失以及畸变

值得庆幸的是，由于大脑先天性结构的差异造成不能以正常方式发挥大脑功能的孩子数量很少。大脑损伤的程度由轻到重不等，但是，以互动构建者的观点来看，只有那些大脑的损伤非常严重，以至于完全不能有效执行所有功能的孩子才无望成为阅读者。

大脑最常见的结构异常——"诵读困难"——为目前存在的严重阅读障碍提供了一个解释。在我们曾经指导过的两万读者中，被诊断为"诵读困难"的人不计其数。这类诊断通常是由专业的医生和心理学家进行的，很少有家庭愿意让自己的孩子接受这类诊断，因为这种诊断花费不菲，此外，还可能给孩子带来诸多负面影响，所以，大多数家庭将这样的问题留给学校，让学校帮助自己的孩子克服阅读障碍。

国际诵读困难协会（The International Dyslexia Association, IDA）将诵读困难定位为"由神经器官造成的特定学习能力缺失"。国际诵读困难协会认为，患有"诵读困难"的人常常因为"没有学习语言音位学的能力"——或者说，因为存在辨识口头语言读音的障碍——而不能精确而流畅地辨识词汇，不能拼写词汇，也不能译解词汇。很显然，国际诵读困难协会对诵读困难的定义，与大部分阅读障碍是因为缺乏译解词汇能力和缺乏词汇辨识技巧的观点不谋而合。

近年来，很多旨在测试当受试对象从字母表中辨识单个词汇时大脑会产生什么反应的研究成果，为阅读就是逐一辨识词汇的观念起到了推波助澜的作用。而以互动构建者的观点看来，这些研究成果固然有趣，不过，它们与阅读障碍无关，因为词汇的辨识和顺畅阅读并不是同一种认知行为。那些研究认为，阅读能力较差的阅读者在阅读时，大脑特定的语言区域产生的神经反应要少于阅读能力较强的阅读者。他们从研究中还得出结论，因为阅读能力较差的阅读者在译解词汇过程中存在障碍，从而不能在大脑的"词汇形成"区域产生神经性复制品，因而造成阅读障碍。

而最新的大脑研究成果表明，从词汇表中辨识词汇与顺畅阅读两种行为在大脑中会产生完全不同的反应。一项研究甚至已经证明，当受试对象从一个房间中辨识物品、辨识物品的图片、辨识一个房间中的声音以及从词汇表中辨识词汇时，其大脑会显示出同样的神经反应模式。研究者认为，做这些活动时，受试者的大脑参与反应的是执行"命名功能"的区域，而不是执行译解词汇和存储词汇的区域。

还记得我们在第三章中谈到的乔丹吗？乔丹大脑的语言中心或许存在某些结构问题，但是，解决他的阅读障碍问题并不需要先行解决他的语言表达障碍问题，事实上，正好相反，帮助他消除阅读障碍问题的同时还提高了他的语言表达能力以及用语言表达自己思想的能力。

第六章中谈到的肯·瑞纳尔森并没有语言表达上的障碍，不过，他还是被一家声名卓著的医院诊断为患有严重的诵读困难，然而，他在成年阶段还是做到了人们认为他不可能做到的事情。他最终彻底消除了自己的阅读障碍，而他运用的方法完全无视这种论断——诵读困难是由所谓的语音信息处理能力缺失引起的。他以及和他经历相似的其他人的成功清楚表明，当大脑专注于阅读过程的正确反应时，语音信息处理问题根本就不成其为问题。

## 帮助年龄稍大的阅读者

如果你觉得年龄稍大的孩子存在阅读障碍，你可以首先判断自己的疑虑是不是正确。你可以倾听他大声朗读适合他阅读水平的读物，并根据下列问题判断，他的阅读过程是不是完全正确：

- 他的朗读听起来是不是很自然？每次朗读时，他都要做到流利顺畅，没有不自然的停顿，而且一点儿也不能有。
- 当面对他自己也认为并不复杂的阅读材料时，他是不是非要重读一遍才能弄清阅读内容的含义呢？出色阅读者不需要重读，他们在阅读的过程中就能领会阅读的内容，就能完全掌握其中的所有含义。
- 当你听孩子朗读的时候，你是不是觉得很舒服呢？你是不是觉得他的朗读也同样流畅、自在呢？出色阅读者在阅读时并不需要"艰苦努力"，他们的阅读就像谈话一样轻松、自如。

- 在没有他人建议的情况下，孩子是不是主动将阅读当作了业余时间的活动呢？如果她逃避阅读，这可能是她存在中度到重度阅读障碍的信号。

比起"修复"一个已经"软连接"到大脑中的阅读障碍问题来，从一开始就培养孩子出色阅读的能力要容易得多。事实上，存在阅读障碍的孩子已经建立起了错误引导阅读过程的神经网络，要消除孩子的阅读障碍问题，大脑必须强行重建现有的神经网络，唯有如此，孩子才能获得出色阅读的能力。人类的大脑对神经网络的重建高度抵制，但是，如果环境适宜，大脑还是可以完成这一重建过程的。

那么，什么样的环境才是适宜的呢？大脑要完成神经网络的重建过程，需要这样一种环境：可以引发大脑建立起出色表现的适当概念，可以激发并保持大脑的强烈愿望，可以让大脑在发现出色阅读之道的旅程中，通过一系列不断尝试，内在地运用预测的方式。听起来是不是似曾相识？是的，这种环境条件并不陌生，因为我们在本书中一直在讨论这些因素。然而，有阅读障碍的人的大脑并不容易改变，因为它们已经构建成为指导阅读的神经通路。不要忘了，即使大脑具有高度的"可塑性"，不过，它们依然会抵制改变！

因此，为了有效矫正阅读障碍，大量的训练就是必不可少的了。在阅读能力培训中心和学校中，利用"正确阅读"教学法矫正阅读障碍，需要对读者进行持续七周的高强度训练，同时，还要用一年的时间监测受训者的情况，所以，在这里很难将训练课程的全部信息和盘推出。此外，单单是取得孩子的合作就是很困难的环节，大部分有阅读障碍的孩子都不想尝试"另一种阅读教学课程"，因为他们已经领教过太多并不奏效的阅读指导课程了，不过，你依然可以进行某些尝试。

首先，鼓励自己的孩子，帮助孩子对自己的阅读潜力保持积极的态度。你要让孩子认识到，你会极尽所能地帮助他、支持他，你对孩子学会阅读充满信心。孩子必须充满希望，唯有如此，他才能产生不断进行阅读尝试所需的强烈愿望。

其次，定时为孩子朗读，同时，尽可能遵从本书第七章谈到的指导技巧和阅读练习方法。你需要"一切从零开始"。你可以把那一部分再次通读一遍，并严格遵从。请注意，不要让自己的指导偏离到任何可能造成孩子专注于词汇辨识的错误道路上去，比如，让孩子逐一识认词汇！你需要记住，你和孩子进行互动活动的时候，要使用那些其内容非常容易预测的图书，同时，每次阅读的时候，要让孩子自己对获得出色阅读能力负责。一旦孩子既能自行阅读内容非常容易预测的图书，又能阅读文字很少的图画书，你就可以开始给孩子介绍一些句子稍长、每个段落也稍长些的图书了。随着孩子表现出的阅读能力的提高，你可以逐渐让孩子阅读难度稍强些的图书。在这个过程中，你要确保自己运用的方法严格遵从第七章的内容。

第三，不要忘了，虽然大脑抵触变化，不过，它依然是一个善于学习的"机器"，如果孩子大脑的变化没有发生，错并不在孩子身上，相反，"元凶"几乎总是不恰当的指导。

## 寻找基于互动构建者观念的阅读指导方法

如果前述的方法并不灵验，看看你能否找到其他的阅读指导方法——这一教学方法要完全基于互动构建者的阅读指导观念。这种教学方法应该具有如下特点：

- 教学方法承认，所有的学习过程（包括阅读的学习过程）都是内在发生的过程，而且不能通过外在的教导习得。
- 互动构建者的教学方法并不依赖于作业纸、练习册以及某种软件，因为这些材料和手段不会引发大脑重塑指导阅读的神经通路。
- 互动构建者观念认为，学生必须自行学会阅读，他人要为孩子创造一个可以引导阅读者的大脑完成阅读的适宜环境。

"正确阅读"教学法就是这样一种互动构建者的教学方法，或许，还有其他方法存在。如果你找到了另一种方法，请告诉我！我非常希望有其他的阅读教学法加入到互动构建者教学法的家庭中来。

最后，如果孩子的阅读能力发展越发恶化，你可以让孩子通过长途电话接受有资质的"正确阅读"教师的指导。几年前，我们就已经能通过长途电话实施阅读教学了。长途电话教学与面授的唯一重要区别就在于学生是否直接面对老师，除此以外，这一教学课程的其他环节都是一样的。要想了解更多信息，你可以登陆www. readright. com，或者致电（360）427—9440。电话教学的费用与其他全国性的教学课程费用相似。我们承诺：经过八个课时的教学指导之后，如果你对教学结果不满意，那么，你将全部教学材料退回以后，我们将返还全部学费。

## 成功故事：光敏性和诵读困难

光敏性在汤姆的早期阅读障碍中可能扮演了一个重要角色，在我们的学生中，汤姆是又一位被诊断出患有严重诵读困难的人。

上二年级的时候，汤姆被波士顿儿童医院（Children's Hospital of Boston）诊断为患有"学习障碍"。医生说，汤姆的认知能力和学习表现之间存在巨大的差距。据汤姆的母亲说，医生们认为，汤姆不可能在学习上表现得很好，让汤姆的母亲感到更加不寒而栗的是，医生们认为，汤姆只能学会最基本的生活技能。

上四年级的时候，汤姆将大部分在校时间都花在了一个特殊教育培训课程上。到七年级和八年级的时候，汤姆转到一个专为有诵读困难学生开办的知名寄宿学校。上十年级时，汤姆转到了一所公共学校，并接受了非常流行同时也得到了广泛认同的阅读教学法的培训。尽管经历了如此之多的指导和培训，不过，汤姆从中学毕业的时候，他的阅读能力还是只相当于二年级的水平。

汤姆23岁的时候，开始通过长途电话接受"正确阅读"教学法的培训。通过电话，汤姆接受了每周两次、每次一小时的培训指导，经过了二百多个小时的培训指导以后，汤姆完全消除了阅读障碍。汤姆在二十多岁的时候考入了大学。

2003年3月，汤姆的母亲说，汤姆在冬季学期考试中得了4.0分。此外，汤姆还学完了全国紧急医疗救护技师资格课程，而且首次考试就一次通过。而汤姆有些在儿童时期或者少年时期并没有阅读障碍的同学却在第一次参加的考试中落败。汤姆在大学期间的所有考试成绩平均为3.3分。2003年12月，也就是汤姆大学时期的第一学年末，他自行决定退学，开始开设自己的公司。在为公司运作准备期间，他阅读了大量的商务典籍。

在离开大学前的访谈中，汤姆承认，自己的阅读速度依然比自己希望的要慢些，他还谈到，某些照明条件（通常是质量低劣的荧光灯）常常让自己感到不舒服，而且影响自己在大学教室里阅读时的视力。

确实，如果汤姆对某种荧光敏感，那么，他的确是在教室中深受照明条件之累的学生之一，因为那种照明条件与他们的视觉系统不相匹配。多年来，虽然很多成年人抱怨办公室和商场中的照明，不过，人们对这类照明条件可能给那些视觉系统对照明过度敏感的孩子带来什么影响的问题并没有给予足够的重视，这是科学界应该给予更多关注的领域。

# 第九章

## 当道路出现分岔的时候：孩子要上学了

不久前，我在商务上一位名叫佛瑞德的熟人要我给他六岁的儿子戴维提些阅读方面的建议。已经离婚的佛瑞德经常在周末去看儿子，还在孩子放暑假期间和儿子共度了一个月时光。他解释说，他在戴维很小的时候就给他读书，而且两人很喜欢那段一起读书的美好时光。然而，当戴维开始上幼儿园以后，情况发生了变化。无论是戴维的幼儿园老师，还是戴维像慈母一样的祖母———一位退休的一年级老师——都开始帮助戴维提高早期阅读能力。他们的着重点先是教戴维发音，之后指导戴维利用发音知识辨识词汇。戴维在这方面的表现并不很好，到开始上一年级的时候，戴维的阅读能力已经远远落在了同学们的后面。当然，就像戴维的奶奶一样，戴维的父母对此深感忧虑。所以，大家开始加倍努力，佛瑞德发誓，只要他们在一起，他都会与戴维一同刻苦攻关的。

戴维的阅读能力继续被落在后面，深感烦恼的佛瑞德告诉我们："现在，戴维不想给我读书了，他甚至还不让我给他读书！以前，我们总是很喜欢在一起读书的时光，现在，那种美好时光再也没有了。甚至看到我拿着一本书的时候，戴维就想去撕毁它，而且很快会大哭大闹。"

我给佛瑞德解释说，不断让戴维在阅读的时候专注于词汇很可能是导致他严重阅读障碍的首要原因。成人面临的挑战是，要鼓励戴维的大脑内在发现完成阅读过程的新方法。我告诉佛瑞德，愿意义务培训他，以便解决他儿子的问题。

当戴维在一二年级之交的暑假和他父亲待在一起的一个月期

间，我们三人一同开始了培训课程，所用的技巧就是本书前面谈到的那些。起初，戴维很不情愿与我和他父亲合作，但是，课程开始以后没有多久，戴维就"缴械"了。不久，他就能轻松自如地阅读内容非常容易预测的图书了，而且看起来他确实非常喜欢阅读那些图书。接受几节我的培训课以后，佛瑞德接过了指导儿子的"教鞭"。家里的其他成员对戴维取得的进步欣喜不已，所以，他们也开始在戴维身上运用同样的阅读指导技巧。到二年级学期末，戴维已经没有任何阅读障碍了，而且他的阅读能力比大部分同学都高。为此，他爸爸深感自豪，眼睛闪烁着喜悦的光芒说："我们创造出了一个'怪兽'！现在，戴维总是一头扎在书本里，该睡觉的时候，他总是央求我让他'再看一会儿'。"

很显然，戴维有能力学会出色阅读，可是，为什么他还是经历了那么多的烦恼呢？现在，答案看起来已经很简单了：愿望良好的成人一直在教他译解和识认每一个词汇。而大脑会忠实执行你的指令的，所以，让大脑去做正确的事情是非常必要的。

## 让大脑去做正确的事情

如果你持续而忠实地遵从了本书介绍的技巧，那么，你就一直是在告诉孩子的大脑在阅读的时候要做正确的事情，而且你也可以从孩子的表现中看到自己取得的显赫成功。你的孩子在成为出色阅读者的旅程上进展的快慢，完全取决于他掌握了多少语言知识，同时取决于你和孩子进行这类阅读活动时间的长短。如果你能清楚下列特点，那么，你就能看到最终的结果：

- 你的孩子对本书提出的阅读活动反应热烈。
- 你的孩子已经不再需要内容非常容易预测的图书了，因为他学会了调用自己掌握的知识来准确预测阅读材料的内容，同时，在阅读内容较难预测图书的时候，已经能成功预测作者试图传达的信息了。

- 当你的孩子为你"朗读"的时候，听起来几乎总是很自然的。

- 你的孩子自己选择阅读——有时候，读给自己听。

或许，老师不能像你那样"看到"你的孩子所取得的进步，因为老师对学生阅读能力的系列评判标准与你的标准完全不同。老师想知道，学生是否能识认每一个词汇——很可能先是从词汇表上而不是从故事内容上来判断学生是否识认词汇，如果学生只能阅读那些他们已经听过或者看过许多次的阅读材料，老师并不会为此感到欣慰。为什么呢？因为老师相信，阅读过程主要就是识认词汇，他们不知道让学生的大脑预测作者试图传达的信息的重要性。如果你的孩子尚未足够好地把握顺畅阅读过程中产生的复杂而内在的行为，从而在阅读不熟悉的材料时也能表现出色，那么，老师就不会认为孩子在阅读能力的发展上取得了进步。

在老师的"雷达"上，培养学生建立起出色阅读的概念——作为阅读能力发展重要第一步的出色阅读概念——并没有被列入"扫描"范围。他们倾向于认为，正确识认每一个词汇和所有词汇远比阅读的结果——甚至从一开始，阅读就应该是领会含义，阅读者要感到轻松自在，将阅读材料的内容朗读出来时，听起来应该像谈话那么自然、流畅——重要得多。

## 给大脑传送混合信息

如果你的孩子在上幼儿园或者一年级的时候已经是个出色的阅读者了，那么，我们要祝贺你！出色阅读者终其一生都将是出色阅读者。即使他们接受了旨在让他们在阅读时要专注于词汇的错误信息，他们的阅读能力也不会受到负面影响，因为他们的大脑完全清楚什么是更好的阅读方法！然而，如果你的孩子在上幼儿园或者一年级的时候还不是出色的阅读者，那么，让他们接受译解词汇以及识认词汇的阅读指导则会潜在地阻碍孩子学习顺畅阅读的进程。

你孩子的大脑正在受到混乱信息不利影响的表现是什么呢？从根本上说，其表现包括表明孩子正在使用词汇识认方法的任何阅读行为。比如：

- 以外在的方式"探究"词汇。
- 当阅读的时候，用手指着各个词汇。
- 阅读时，用一个卡片将阅读材料的其他部分遮住（老师常常鼓励学生在阅读时用这种方法，以防止在从一行换到另一行时找不到头尾）。
- 在读到词汇之前，先将它们拼读出来。
- 当将阅读内容朗读出来时，听起来不自然——表明孩子的大脑正在使用词汇识认的阅读方法。

在理想的情况下，老师不会给孩子的大脑发出识认词汇是阅读过程主要活动的信息，但是，无论是阅读教学研究领域还是公众普遍接受的阅读教学观念，这种理想情况并不存在。所以，你或许应该去影响老师的思维方式，至少应该让老师知道，你已经选择了让孩子用另一种方法学习阅读，用另一种方法来培养孩子的阅读能力。下面的这些技巧或许对你有些帮助。

### 和孩子的老师谈谈

你的孩子开始上学以后——无论是上学前班、幼儿园，还是一年级——你都应该马上了解孩子接受的是什么样的阅读教学方法。今天，在低年级中，大部分早期阅读教学方法都集中于词汇的读音、译解词汇的技巧以及逐一识认词汇，通常，对那些有阅读障碍的高年级学生也采用这类教学方法。现在，无论是州政府，还是联邦政府，都在不遗余力地支持这些教学计划（他们的态度在历史上曾经有过几次摇摆），同时，法规和严格的政策总是要求老师们使用某种特定的教材。所以，你应该尽快告诉孩子的老师，你已经为孩子选择了一种更有成效的阅读教学方法，同时，也可以让孩子的老师也读一读这本书。如果老师表示拒绝，那么，你应该尊重他或她的决定。如果老师欣然接受你的建议，也要读一读本书，那么，你可以问问老师，等他或她读完以后，是否愿意和你一起讨论讨论。这种方式使你有机会和老师分享你在家里和孩子一起进行阅读活动的经验。

## 利用有利信息应对他人的抵抗

你可以经常浏览我们的网站：www. readright. com，下载一些你认为能激发起老师兴趣的信息，并将这些信息与他或她分享。你还可以建议孩子的老师给我们的办公室打电话，以和那些证明我们的教学方法卓有成效的人取得联系，我们可以将你孩子的老师直接引见给全国范围内其他使用过这种教学方法的老师、学校管理人、学生和学生的父母。优秀的老师愿意帮助孩子们，不过，他们按规定年复一年使用过那些本以为会产生显著成果但结果却乏善可陈的教学方法之后，他们已经对任何东西都兴味索然了。

你需要了解很重要的一点，那就是：即使你的孩子在你目的明确、充满深情的成功指导下，五岁的时候就已经是"阅读高手"了，不过，有几年的时间，你依然会在孩子的学习阶段碰到这样一些老师——就你谈到的需要什么条件才能将孩子培养成出色阅读者的问题，他们会表示赞同，不过，他们依然会对你谈到的方法持抵触态度，因为你谈到的方式、方法与他们必须依照的地方政府、州政府和联邦政府的要求不相融合，或者你谈到的方式、方法与他们"认定"的阅读教学法相矛盾。无论在什么领域，新思想常常都需要经年的时间才能被接受。声明卓著的科学史学家托马斯·库恩（Thomas Kuhn）曾经指出，通常，旧有观念的支持者作古以后，新思想才能取代旧思想。

我们能做的就是为人们可能提出的下列问题做好准备，"'互动构建者'是什么东西"？当人们开始提出问题的时候，就意味着他们要开始了解新东西了。这不正是你希望看到的吗？当人们对你如何将孩子培养成出色阅读者的过程感兴趣的时候，他们实际上也同时做好了听你述说的准备。

## 对常见问题的回答

如果你有机会和他人讨论本书介绍的阅读能力培养观点和阅读教学方法，对细心的人们提出的下列问题做到心中有数或许对你有些帮助。

**问题**：如果说专注于词汇的阅读教学方法会导致阅读障碍的发生，那么，除了那些自己学会阅读的孩子以外，为什么并不是接受这种教育的所有人都有阅读障碍呢？

**简短回答**：所有的孩子都有自行学会阅读的能力，无论他们接受的是什么样的阅读教学，孩子们自己学会阅读的事实本身就证明了这一点。然而，数百万儿童有阅读障碍的现实表明，并不是每个接受传统教学方法的孩子都没问题。

**解释**：孩子能自己学会阅读的事实表明，直接的指导并不是学会阅读的必要条件。只要大脑能在自己已经掌握的知识与自己试图领会的含义之间建立起有机的联系，大脑有能力学会任何事情。

当年龄很小的孩子在基于技巧的教学方法指导下最初学习阅读时，他们的阅读过程经常显得很吃力，而且阅读的速度出奇的缓慢。在探究更有效的阅读方式时，有些孩子会（在潜意识层面）尝试其他阅读方法。其中，有些孩子能最终取得成功，并发现更好的阅读方法，而有些孩子则不能。那些取得成功的孩子自己发现，阅读和谈话是很相像的过程，因为两种过程都需要对内容的含义进行预测。

一旦大脑内在地建立起了这种联系，它就会提出下列复杂问题:"我怎么才能持续预测出作者试图传达的意思呢?""我怎么才能确保我预测出的含义与作者试图传达的信息是一致的呢?""我怎么才能策略性地利用某些语音信息（不需要运用从左到右译解词汇的方法就能弄清'读音—字母'之间的关系）来帮助自己的预测方法奏效呢?"这些问题完全不同于下面的问题:"那个词是什么意思?"那些出现在潜意识层面的问题将学生引向了自行掌握阅读复杂过程的正确道路。

令人遗憾的是，很多学生没有将这条道路走到底，因为他们尚未建立起出色阅读的真正概念。当他们认为自己的阅读已经"足够好"了的时候，他们的大脑就会停止探索。这些学生在学校阅读能力测验中的成绩可能尚可，而且在其他方面的表现也说得过去，但是，除非他们拥有强烈的愿望，而且愿意努力尝试，否则，他们在学校的综合表现是不会出色的。

非常可能的情况是，存在阅读障碍的成年人和学生的数量远比报道的要多。对那些上学的孩子来说，只有那些在阅读能力测验中得分很低的孩子以及那些跟不上课的孩子才会被确认为存在阅读障碍，事实上，很多其大脑并没有出色阅读能力的学生在阅读能力测验中因为阅读得"已经足够好了"也得到了平均分，而如果他们也成为出色阅读者的话，这些只是"B"或者"C"分数水平的孩子本可以成为"A"分数水平的学生的。

在我们与公司合作进行的读写能力培训项目中，也就是在处理成人阅读问题的过程中，我们总能发现很多经理人、管理人、工程师以及其他受过良好教育的资深人士其大脑也存在阅读问题。无论在哪种情况下，我们的教师一旦实施了互动构建者的教学模式，接受培训的人都说，自己在阅读中的领会能力得到了提升，同时，阅读的过程也更轻松、更自在了。几乎所有的人都谈到，他们的阅读行为也发生了显著的变化——他们阅读的更多了，阅读速度更快了，而且还开始为了消遣娱乐而阅读。

**问题**：如果说通过译解的方式学习阅读会产生潜在的负面影响，那么，为什么有些孩子通过语音教学法学会了阅读，而且有些一度深受阅读障碍困扰的读者没有借助任何人的任何帮助最终也成为非常出色的阅读者了呢？

**简短回答**：我们自身的强烈愿望与我们的大脑能学会任何过程的事实结合到一起，使我们有可能征服任何障碍——当然，也包括阅读障碍。

**解释**：有些有阅读障碍的读者对在某一个特别的活动中——比如，钓鲈鱼——表现优异会产生近乎痴迷的强烈愿望。愿望强烈的垂钓者会通过观察以及与其他鲈鱼垂钓爱好者的交流，寻求一切可以学习到的知识，有那么一天，他会意识到，他也可以通过阅读有关这方面的文章吸取更多的知识。

尽管他有严重的阅读障碍，不过，他依然渴望阅读相关的杂志和书籍，以便对这项运动了解得更为透辟。为此，他会非常勤勉，会专注于作者传达出来的信息，因为他迫切地想了解鲈鱼垂钓。从而，他的大脑会内在地尝试更有效、更实用的全新阅读方法。我们不妨想一想他为自己的大脑所创造的环境条件：他完全专注于阅读材料的含义（没人将他的注意力转移到识认词汇上面），对作者传达出来的信息，他怀有强烈的求知欲，此外，他此前已经掌握了很多有关鲈鱼垂钓的知识，因此，对他的大脑而言，在他已经存储的知识与他正在阅读的信息之间建立起有机的联系并不困难——而这一过程正是预测方法的精髓所在。在这样一种环境条件下，非常可能的情况是，他的大脑会就此成功掌握出色阅读的方法。

**问题**：你是说，这是学会阅读的唯一途径吗？

**简短回答**：不是。我的意思是说，从本质上讲，所有人的大脑学习某个过程的方式都是一样的，要想学会表现出色，所有人的大脑都需要同样的东西。如果大脑需要的这些条件得到了满足，那么，大脑就会学会出色表现；而如果大脑需要的条件没有得到满足,那么,出色阅读能力就不会生发出来。

**解释**:要想学会在某一过程中表现出色,大脑必须承担如下功能:

1. 建立起一个出色阅读的概念——这一概念将会成为衡量表现的准绳。
2. 对出色表现怀有强烈的愿望。
3. 不断运用一个内在的预测循环过程以发现出色表现之道。

任何阅读教学方法,只要能满足大脑的这些需求,都能有效帮助学生成为出色阅读者。

**问题**:你如何解释为什么有些孩子的阅读障碍问题通过基于技巧的教学方式得到了解决并最终成为出色阅读者呢?

**简短回答**:一种阅读教学方法是否能"成功解决阅读障碍问题",取决于这种方法对接受培训的人的预期。在实施互动构建者教学方法的时候,我们希望学生的阅读障碍问题得到彻底消除,这就意味着接受培训以后,学生要能轻松地阅读,而且要完全明白他们阅读的材料的所有内容。其他的阅读教学方法希望学生在词汇识认技巧、词汇量、阅读的流畅性以及领会能力上得到提升,但是,它们希望学生们只要能在这些方面得到提升就够了,它们并不一定非要彻底消除学生们的阅读障碍问题。

**解释**:你可以想象这样一个例子,一个二年级的男孩根本不会阅读,之后,你可以再想象一下,他参加了一个基于技巧的阅读培训课程,这一课程的目的旨在帮助他更好地识认词汇。这一培训项目设计精巧,而且老师也很优秀,并形成了检验培训是否成功的标准。培训完成以后,这个学生能更好地辨识词汇了,现在,他可以阅读二年级水平的阅读材料了,但是,他的阅读依然很艰难。阅读时,他必须非常努力,而且他的阅读既费力速度又很慢,此外,他对阅读材料的领会能力也差强人意,但是,他到底还是能阅读了,而此前却不能。想想看,他的父母会怎么说?这个培训课程在解决他的阅读障碍方面是成功的吗?这个孩子的老师会怎么说?是的,他们都会认为这个阅读培训课程是成功的,尽管这个二年级学生依然存在着严重的阅读障碍问题——表现为阅读时需要付出艰苦的努力,同时,对阅读材料的理解能力很差。

学校的老师们常常告诉我,他们对那些引入到学校中来的特定阅读教学课程所产生的结果很满意。可是,当我进一步和他们探讨的时候,他们还告诉我,那些教学课程对那些需要特殊教育的学生以及那些达不到州政府所要求水平的学生并不灵验,此外,这类教学法也不适用于英语不是其母语的学生。后来,他们承认,接受这类阅读教学法培训的美国本土学生在阅读上的表现也乏善可陈,非洲裔美国儿童接受完培训后,阅读能力并没有得到多少提升。那么,他们为什么还对这类培训课程的结果表示满意呢?

老师们的回答让我很伤心。学校的老师并不指望那些孩子会成为出色的阅读者,甚至也不指望他们比原有的水平提高多少。这倒不是因为老师们不想帮助孩子,如果他们很清楚如何帮助孩子,他们自然会去做的,但是,对各种各样的阅读教学法年复一年的尝试之后,他们已经找不到任何可以帮助孩子提高阅读能力的方法了。你看到这个恶性循环了吗?如果你并不指望孩子可以取得显著的进步,那么,你就会对那些结果平平的教学法感到心满意足。如果你满足于那些并不能产生良好结果的教学方法,那么,你就不会去寻找可以带来良好培训结果的其他新方法了。

## 阅读障碍不是孩子的错,也不是父母和学校的错

正如我们在本书中看到的,阅读障碍既不是学生的错,也不是父母和学校的过错,而是旧有阅读教学观——不能准确反映大脑需要什么条件才能完成出色阅读——的错误。

现在的教育运动让老师和学校管理者对整个学校在阅读测验中的得分负责，而这种问责制让课堂教学的重点转移到了提高与阅读相关的各种技巧上面——这些技巧所依据的观念与两百年前的"专家"所推崇的观念并无二致。

互动构建者的阅读教学观代表着思维方式的一个革命——这一全新的理念根植于我们对于如何将精神力量用于改变我们大脑的结构这一课题日益快速增长的认识。如果你始终如一地在孩子身上应用本书介绍的这些互动构建者阅读指导技巧，那么，你就是在为孩子铺就通往阅读佳境的通衢大道。你的选择将恰到好处地让孩子沿着一个全新的方向迈进，你的选择会让孩子通过建立出色表现高标准的心理塑造过程增长自己的才干，会让孩子学会使用预测的方法——这一方法可以让孩子就如何才能学会出色阅读的问题进行不断尝试，并发现内在的原理。

严格恪守这个全新的理念，不但可以让你确保孩子在阅读能力的提升上取得成功，而且你也可能就此成为一个革命者！让我们奔走相告吧：旧有的阅读教学理论正在崩溃——我们不只是要告诉孩子们、父母们和学校。

# 译者致谢

本书的翻译工作得到了胡文萍、石晶、赵平、周丽玉、徐华、张森、刘心、刘扬涛、熊建生、平艳等师友的全程帮助、指导，在此深表谢意。